PREFÁCIO

A coleção de frases de viagem "Vai tudo correr bem!" publicada pela T&P Books é concebida para pessoas que vão ao estrangeiro em viagens de turismo e negócios. Os livros de frases contêm o que é mais importante - o essencial para uma comunicação básica. Este é um conjunto indispensável de frases para "sobreviver" no estrangeiro.

Este Guia de Conversação irá ajudá-lo na maioria das situações em que precise de perguntar alguma coisa, obter direções, saber quanto custa algo, etc. Pode também resolver situações de difícil comunicação onde os gestos simplesmente não ajudam.

Este livro contém uma série de frases que foram agrupadas de acordo com os tópicos mais relevantes. A edição também inclui um pequeno vocabulário que contém aproximadamente 3.000 das palavras mais frequentemente usadas. Outra secção do Guia de Conversação fornece um dicionário gastronômico que pode ajudá-lo a pedir comida num restaurante ou comprar alimentos numa loja.

Leve consigo para a estrada o Guia de Conversação "Vai tudo correr bem!" e terá um companheiro de viagem insubstituível, que irá ajudá-lo a encontrar o seu caminho em qualquer situação e ensiná-lo a não recear falar com estrangeiros.

TABELA DE CONTEÚDOS

T&P Books Publishing

Coleção Guias de Conversação
"Vai tudo correr bem!"

T&P Books Publishing

GUIA DE CONVERSAÇÃO

— RUSSO —

Andrey Taranov

AS PALAVRAS E AS FRASES MAIS ÚTEIS

Este guia de conversação contém frases e perguntas comuns essenciais para uma comunicação básica com estrangeiros

T&P BOOKS

Frases + dicionário de 3000 palavras

Guia de Conversação Português-Russo e vocabulário temático 3000 palavras

Por Andrey Taranov

A coleção de frases de viagem "Vai tudo correr bem!" publicada pela T&P Books é concebida para pessoas que vão ao estrangeiro em viagens de turismo e negócios. Os livros de frases contêm o que é mais importante - o essencial para uma comunicação básica. Este é um conjunto indispensável de frases para "sobreviver" no estrangeiro.

Este livro também inclui um pequeno vocabulário temático que contém aproximadamente 3.000 das palavras mais frequentemente usadas. Outra secção do Guia de Conversação disponibiliza um dicionário gastronômico que pode ajudá-lo a pedir comida num restaurante ou comprar alimentos numa loja.

Editora T&P Books
www.tpbooks.com

ISBN: 978-1-78492-601-4

Este livro também está disponível em formato E-book.
Por favor visite www.tpbooks.com ou as principais livrarias on-line.

PRONÚNCIA

Letra	Exemplo Russo	Alfabeto fonético T&P	Exemplo Português
А, а	трава	[ɑ], [a]	amar
Е, е	перерыв	[e]	metal
Ё, ё	ёлка	[jɔ:], [ɜ:]	ioga
И, и	филин	[i], [i:]	sinónimo
О, о	корова	[o], [o:]	noite
У, у	Тулуза	[u], [u:]	bonita
Э, э	эволюция	[ɛ]	mesquita
Ю, ю	трюм	[ju:], [ju]	nacional
Я, я	яблоко	[ja:], [æ:]	Himalaias
Б, б	баобаб	[b]	barril
В, в	врач, вино	[v]	fava
Г, г	глагол	[g]	gosto
Д, д	дом, труд	[d]	dentista
Ж, ж	живот	[ʒ]	talvez
З, з	зоопарк	[z]	sésamo
Й, й	йога	[j]	géiser
ой	стройка	[ɔı]	moita
ай	край	[aj]	baixar
К, к	кино, сок	[k]	kiwi
Л, л	лопата	[l]	libra
М, м	март, сом	[m]	magnólia
Н, н	небо	[n]	natureza
П, п	папа	[p]	presente
Р, р	урок, робот	[r]	riscar
С, с	собака	[s]	sanita
Т, т	ток, стая	[t]	tulipa
Ф, ф	фарфор	[f]	safári
Х, х	хобот, страх	[h]	[h] aspirada
Ц, ц	цапля	[ʦ]	tsé-tsé
Ч, ч	чемодан	[ʧ]	Tchau!
Ш, ш	шум, шашки	[ʃ]	mês
Щ, щ	щенок	[ɕ]	shiatsu
Ы, ы	рыба	[ı]	sinónimo

Letra	Exemplo Russo	Alfabeto fonético T&P	Exemplo Português
Ь, ь	дверь	[ʲ]	sinal suave
нь	конь	[ɲ]	ninhada
ль	соль	[ʎ]	barulho
ть	статья	[t]	sitiar
Ъ, ъ	подъезд	[ˮ]	sinal forte. não representa nenhum som

LISTA DE ABREVIATURAS

Abreviaturas do Português

adj	-	adjetivo
adv	-	advérbio
anim.	-	animado
conj.	-	conjunção
desp.	-	desporto
etc.	-	etecetra
ex.	-	por exemplo
f	-	nome feminino
f pl	-	feminino plural
fem.	-	feminino
inanim.	-	inanimado
m	-	nome masculino
m pl	-	masculino plural
m, f	-	masculino, feminino
masc.	-	masculino
mat.	-	matemática
mil.	-	militar
pl	-	plural
prep.	-	preposição
pron.	-	pronome
sb.	-	sobre
sing.	-	singular
v aux	-	verbo auxiliar
vi	-	verbo intransitivo
vi, vt	-	verbo intransitivo, transitivo
vp	-	verbo pronominal
vt	-	verbo transitivo

Abreviaturas do Russo

ж	-	nome feminino
ж мн	-	feminino plural
м	-	nome masculino
м мн	-	masculino plural
м, ж	-	masculino, feminino
мн	-	plural

с	-	neutro
с мн	-	neutro plural

T&P BOOKS

GUIA DE
CONVERSAÇÃO
RUSSO

Esta secção contém frases
importantes que podem vir
a ser úteis em várias
situações da vida real.
O Guia de Conversação irá
ajudá-lo a pedir orientações,
esclarecer um preço,
comprar bilhetes e pedir
comida num restaurante

T&P Books Publishing

CONTEÚDO DO GUIA DE CONVERSAÇÃO

T&P Books Publishing

O mínimo

Desculpe, ...	**Извините, ...** [izwi'nite, ...]
Olá!	**Здравствуйте.** ['zdrastvʊjte]
Obrigado /Obrigada/.	**Спасибо.** [spa'sibə]
Adeus.	**До свидания.** [da swi'danija]
Sim.	**Да.** [da]
Não.	**Нет.** [net]
Não sei.	**Я не знаю.** [ja ne 'znaʲʉ]
Onde? | Para onde? | Quando?	**Где? | Куда? | Когда?** [gde? | kʊ'da? | kag'da?]

Preciso de ...	**Мне нужен ...** [mne 'nʊʒən ...]
Eu queria ...	**Я хочу ...** [ja ha'ʧu ...]
Tem ...?	**У вас есть ...?** [u vas estʲ ...?]
Há aqui ...?	**Здесь есть ...?** [zdesʲ estʲ ...?]
Posso ...?	**Я могу ...?** [ja ma'gʊ ...?]
..., por favor	**пожалуйста** [pa'ʒaləstə]

Estou à procura de ...	**Я ищу ...** [ja i'ɕu ...]
casa de banho	**туалет** [tʊa'let]
Multibanco	**банкомат** [banka'mat]
farmácia	**аптеку** [ap'tekʊ]
hospital	**больницу** [balʲ'niʦu]
esquadra de polícia	**полицейский участок** [pali'ʦɛjskij u'ʧastək]
metro	**метро** [met'rɔ]

táxi	**такси** [tak'si]
estação de comboio	**вокзал** [vak'zal]

Chamo-me ...	**Меня зовут ...** [mi'ɲa za'vʊt ...]
Como se chama?	**Как вас зовут?** [kak vas za'vʊt?]
Pode-me dar uma ajuda?	**Помогите мне, пожалуйста.** [pama'gite mne, pa'ʒaləstə]
Tenho um problema.	**У меня проблема.** [u me'ɲa prab'lema]
Não me sinto bem.	**Мне плохо.** [mne 'plɔhə]
Chame a ambulância!	**Вызовите скорую!** [vɪzawite 'skɔrʊʲu!]
Posso fazer uma chamada?	**Могу я позвонить?** [ma'gʊ ja pazva'nitʲ?]

Desculpe.	**Извините.** [izwi'nite]
De nada.	**Пожалуйста.** [pa'ʒaləstə]

eu	**я** [ja]
tu	**ты** [tɪ]
ele	**он** [ɔn]
ela	**она** [a'na]
eles	**они** [a'ni]
elas	**они** [a'ni]
nós	**мы** [mɪ]
vocês	**вы** [vɪ]
você	**Вы** [vɪ]

ENTRADA	**ВХОД** [vhɔt]
SAÍDA	**ВЫХОД** ['vɪhət]
FORA DE SERVIÇO	**НЕ РАБОТАЕТ** [ne ra'bɔtaet]
FECHADO	**ЗАКРЫТО** [zak'rɪtə]

ABERTO	**ОТКРЫТО** [atk'rɪtə]
PARA SENHORAS	**ДЛЯ ЖЕНЩИН** [dʎa 'ʒɛnɕin]
PARA HOMENS	**ДЛЯ МУЖЧИН** [dʎa mʊ'ɕin]

Perguntas

Onde?
Где?
[gde?]

Para onde?
Куда?
[kʊ'da?]

De onde?
Откуда?
[at'kʊda?]

Porquê?
Почему?
[patʃe'mʊ?]

Porque razão?
Зачем?
[za'tʃem?]

Quando?
Когда?
[kag'da?]

Quanto tempo?
Как долго?
[kak 'dɔlga?]

A que horas?
Во сколько?
[va 'skɔlʲkə?]

Quanto?
Сколько стоит?
['skɔlʲkə 'stɔit?]

Tem ...?
У вас есть ...?
[u vas estʲ ...?]

Onde fica ...?
Где находится ...?
[gde na'hɔditsa ...?]

Que horas são?
Который час?
[ka'tɔrij tʃas?]

Posso fazer uma chamada?
Могу я позвонить?
[ma'gʊ ja pazva'nitʲ?]

Quem é?
Кто там?
[ktɔ tam?]

Posso fumar aqui?
Могу я здесь курить?
[ma'gʊ ja zdesʲ kʊ'ritʲ?]

Posso ...?
Я могу ...?
[ja ma'gʊ ...?]

Necessidades

Eu gostaria de ...	**Я бы хотел /хотела/ ...** [ja bı ha'tel /ha'tela/ ...]
Eu não quero ...	**Я не хочу ...** [ja ne ha'ʧu ...]
Tenho sede.	**Я хочу пить.** [ja ha'ʧu pitʲ]
Eu quero dormir.	**Я хочу спать.** [ja ha'ʧu spatʲ]

Eu queria ...	**Я хочу ...** [ja ha'ʧu ...]
lavar-me	**умыться** [u'mıtsa]
escovar os dentes	**почистить зубы** [pa'ʧistitʲ 'zubı]
descansar um pouco	**немного отдохнуть** [nem'nɔgə atdah'nʊtʲ]
trocar de roupa	**переодеться** [perea'detsa]

voltar ao hotel	**вернуться в гостиницу** [wer'nʊtsa v gas'tinitsu]
comprar ...	**купить ...** [kʊ'pitʲ ...]
ir para ...	**съездить в ...** [sʰ'ezditʲ v ...]
visitar ...	**посетить ...** [pasi'titʲ ...]
encontrar-me com ...	**встретиться с ...** [vstr'etitsa s ...]
fazer uma chamada	**позвонить** [pazva'nitʲ]

Estou cansado /cansada/.	**Я устал /устала/.** [ja us'tal /us'tala/]
Nós estamos cansados /cansadas/.	**Мы устали.** [mı us'tali]
Tenho frio.	**Мне холодно.** [mne 'hɔladnə]
Tenho calor.	**Мне жарко.** [mne 'ʒarkə]
Estou bem.	**Мне нормально.** [mne nar'malʲnə]

Preciso de telefonar.

Мне надо позвонить.
[mne 'nada pazva'nitʲ]

Preciso de ir à casa de banho.

Мне надо в туалет.
[mne 'nada v tʊa'let]

Tenho de ir.

Мне пора.
[mne pa'ra]

Tenho de ir agora.

Мне надо идти.
[mne 'nada it'ti]

Perguntando por direções

Desculpe, ...	**Извините, ...** [izwi'nite, ...]
Onde fica ...?	**Где находится ...?** [gde na'hɔditsa ...?]
Para que lado fica ...?	**В каком направлении находится ...?** [v ka'kɔm naprav'lenii na'hɔditsa ...?]
Pode-me dar uma ajuda?	**Помогите мне, пожалуйста.** [pama'gite mne, pa'ʒaləstə]
Estou à procura de ...	**Я ищу ...** [ja i'ɕu ...]
Estou à procura da saída.	**Я ищу выход.** [ja i'ɕu 'vɪhət]
Eu vou para ...	**Я еду в ...** [ja 'edʊ v ...]
Estou a ir bem para ...?	**Я правильно иду ...?** [ja 'prawilʲnə i'dʊ ...?]
Fica longe?	**Это далеко?** ['ɛtə dale'kɔ?]
Posso ir até lá a pé?	**Я дойду туда пешком?** [ja daj'dʊ tʊ'da peʃ'kɔm?]
Pode-me mostrar no mapa?	**Покажите мне на карте, пожалуйста.** [paka'ʒite mne na 'karte, pa'ʒaləstə]
Mostre-me onde estamos de momento.	**Покажите, где мы сейчас.** [paka'ʒite, gde mɪ se'ʧas]
Aqui	**Здесь** [zdesʲ]
Ali	**Там** [tam]
Por aqui	**Сюда** [sʲʉ'da]
Vire à direita.	**Поверните направо.** [pawer'nite nap'ravə]
Vire à esquerda.	**Поверните налево.** [pawer'nite na'levə]
primeira (segunda, terceira) curva	**первый (второй, третий) поворот** ['pervɪj (vta'rɔj, 'tretij) pava'rɔt]
para a direita	**направо** [nap'ravə]

para a esquerda

налево
[na'levə]

Vá sempre em frente.

Идите прямо.
[i'dite 'prʲamə]

Sinais

BEM-VINDOS!	**ДОБРО ПОЖАЛОВАТЬ!** [dab'rɔ pa'ʒalavətʲ!]
ENTRADA	**ВХОД** [vhɔt]
SAÍDA	**ВЫХОД** ['vɪhət]
EMPURRAR	**ОТ СЕБЯ** [at se'bʲa]
PUXAR	**НА СЕБЯ** [na se'bʲa]
ABERTO	**ОТКРЫТО** [atk'rɪtə]
FECHADO	**ЗАКРЫТО** [zak'rɪtə]
PARA SENHORAS	**ДЛЯ ЖЕНЩИН** [dʎa 'ʒɛnɕin]
PARA HOMENS	**ДЛЯ МУЖЧИН** [dʎa mʊ'ɕin]
HOMENS, CAVALHEIROS (M)	**МУЖСКОЙ ТУАЛЕТ** [mʊʃs'kɔj tʊa'let]
SENHORAS (F)	**ЖЕНСКИЙ ТУАЛЕТ** [ʒɛnskij tʊa'let]
DESCONTOS	**СКИДКИ** ['skitki]
SALDOS	**РАСПРОДАЖА** [raspra'daʒa]
GRATUITO	**БЕСПЛАТНО** [bisp'latnə]
NOVIDADE!	**НОВИНКА!** [na'vinka!]
ATENÇÃO!	**ВНИМАНИЕ!** [vni'maniə!]
NÃO HÁ VAGAS	**МЕСТ НЕТ** [mest 'net]
RESERVADO	**ЗАРЕЗЕРВИРОВАНО** [zarizer'wiravanə]
ADMINISTRAÇÃO	**АДМИНИСТРАЦИЯ** [administ'ratsija]
ACESSO RESERVADO	**ТОЛЬКО ДЛЯ ПЕРСОНАЛА** [tɔlʲkə dʎa persa'nala]

CUIDADO COM O CÃO

ЗЛАЯ СОБАКА
['zlaja sa'baka]

NÃO FUMAR!

НЕ КУРИТЬ!
[ne kʊ'ritʲ!]

NÃO MEXER!

РУКАМИ НЕ ТРОГАТЬ!
[rʊ'kami ne 'trɔgatʲ!]

PERIGOSO

ОПАСНО
[a'pasnə]

PERIGO

ОПАСНОСТЬ
[a'pasnəstʲ]

ALTA TENSÃO

ВЫСОКОЕ НАПРЯЖЕНИЕ
[vɪ'sɔkae napri'ʒɛnie]

PROIBIDO NADAR

КУПАТЬСЯ ЗАПРЕЩЕНО
[kʊ'patsa zapriɕe'nɔ!]

FORA DE SERVIÇO

НЕ РАБОТАЕТ
[ne ra'bɔtaet]

INFLAMÁVEL

ОГНЕОПАСНО
[agnea'pasnə]

PROIBIDO

ЗАПРЕЩЕНО
[zapriɕe'nɔ]

PASSAGEM PROIBIDA

ПРОХОД ЗАПРЕЩЁН
[pra'hɔt zapri'ɕʲon!]

PINTADO DE FRESCO

ОКРАШЕНО
[ak'raʃənə]

FECHADO PARA OBRAS

ЗАКРЫТО НА РЕМОНТ
[zak'rɪtə na re'mɔnt]

TRABALHOS NA VIA

РЕМОНТНЫЕ РАБОТЫ
[re'mɔntnɪe ra'bɔtɪ]

DESVIO

ОБЪЕЗД
[abʰ'ezt]

Transportes. Frases gerais

avião	**самолёт** [sama'lʲot]
comboio	**поезд** ['pɔest]
autocarro	**автобус** [aft'ɔbʊs]
ferri	**паром** [pa'rɔm]
táxi	**такси** [tak'si]
carro	**машина** [ma'ʃina]

horário	**расписание** [raspi'sanie]
Onde posso ver o horário?	**Где можно посмотреть расписание?** [gde 'mɔʒnə pasmat'retʲ raspi'sanie?]
dias de trabalho	**рабочие дни** [ra'bɔtʃiə dni]
fins de semana	**выходные дни** [vɪhad'nɪe dni]
férias	**праздничные дни** ['prazdnitʃnɪe dni]

PARTIDA	**ОТПРАВЛЕНИЕ** [atprav'lenie]
CHEGADA	**ПРИБЫТИЕ** [pri'bɪtie]
ATRASADO	**ЗАДЕРЖИВАЕТСЯ** [za'derʒivaetsa]
CANCELADO	**ОТМЕНЕН** [atme'nʲon]

próximo (comboio, etc.)	**следующий** ['sledʊɕij]
primeiro	**первый** ['pervɪj]
último	**последний** [pas'lednij]

Quando é o próximo …?	**Когда будет следующий …?** [kag'da 'bʊdet 'sledʊɕij …?]
Quando é o primeiro …?	**Когда отходит первый …?** [kag'da at'hɔdit 'pervɪj …?]

Quando é o último …?

Когда уходит последний …?
[kag'da u'hɔdit pas'lednij …?]

transbordo

пересадка
[piri'satka]

fazer o transbordo

сделать пересадку
['sdelatʲ piri'satkʊ]

Preciso de fazer o transbordo?

Мне нужно делать пересадку?
[mne 'nʊʒnə 'delatʲ piri'satkʊ?]

Comprandо bilhetes

Onde posso comprar bilhetes?	**Где можно купить билеты?** [gde 'mɔʒnə kʊ'pitʲ bi'letɪ?]
bilhete	**билет** [bi'let]
comprar um bilhete	**купить билет** [kʊ'pitʲ bi'let]
preço do bilhete	**стоимость билета** [stɔiməstʲ bi'leta]
Para onde?	**Куда?** [kʊ'da?]
Para que estação?	**До какой станции?** [dɔ ka'kɔj 'stanʦii?]
Preciso de ...	**Мне нужно ...** [mne 'nʊʒnə ...]
um bilhete	**один билет** [a'din bi'let]
dois bilhetes	**два билета** [dva bi'leta]
três bilhetes	**три билета** [tri bi'leta]
só de ida	**в один конец** [v a'din ka'neʦ]
de ida e volta	**туда и обратно** [tʊ'da i ab'ratnə]
primeira classe	**первый класс** ['pervɪj klass]
segunda classe	**второй класс** [fta'rɔj klass]
hoje	**сегодня** [si'vɔdɲa]
amanhã	**завтра** ['zaftra]
depois de amanhã	**послезавтра** [pɔsle'zaftra]
de manhã	**утром** ['utrəm]
à tarde	**днём** [dnʲom]
ao fim da tarde	**вечером** ['weʧerəm]

lugar de corredor	**место у прохода** ['mestə u pra'hɔda]
lugar à janela	**место у окна** ['mestə u ak'na]
Quanto?	**Сколько?** ['skɔlʲkə?]
Posso pagar com cartão de crédito?	**Могу я заплатить карточкой?** [ma'gʊ ja zapla'titʲ 'kartətʃkəj?]

Autocarro

autocarro	**автобус** [aft'ɔbʊs]
camioneta (autocarro interurbano)	**междугородний автобус** [meʒdʊga'rɔdnij aft'ɔbʊs]
paragem de autocarro	**автобусная остановка** [aft'ɔbʊsnaja asta'nɔfka]
Onde é a paragem de autocarro mais perto?	**Где ближайшая автобусная остановка?** [gde bli'ʒajʃəja aft'ɔbʊsnaja asta'nɔfka?]
número	**номер** ['nɔmer]
Qual o autocarro que apanho para ...?	**Какой автобус идёт до ...?** [ka'kɔj aft'ɔbʊs i'dʲot dɔ ...?]
Este autocarro vai até ...?	**Этот автобус идёт до ...?** [ɛtət av'tɔbʊs i'dʲot dɔ ...?]
Com que frequência passam os autocarros?	**Как часто ходят автобусы?** [kak 'ʧastə 'hɔdʲat aft'ɔbʊsɪ?]
de 15 em 15 minutos	**каждые 15 минут** ['kaʒdɪe pit'naʦatʲ mi'nʊt]
de meia em meia hora	**каждые полчаса** ['kaʒdɪe pɔlʧa'sa]
de hora a hora	**каждый час** ['kaʒdɪj ʧas]
várias vezes ao dia	**несколько раз в день** ['neskalʲkə raz v denʲ]
... vezes ao dia	**... раз в день** [... raz v denʲ]
horário	**расписание** [raspi'sanie]
Onde posso ver o horário?	**Где можно посмотреть расписание?** [gde 'mɔʒnə pasmat'retʲ raspi'sanie?]
Quando é o próximo autocarro?	**Когда будет следующий автобус?** [kag'da 'bʊdet 'sledʊɕij aft'ɔbʊs?]
Quando é o primeiro autocarro?	**Когда отходит первый автобус?** [kag'da at'hɔdit 'pervɪj aft'ɔbʊs?]
Quando é o último autocarro?	**Когда уходит последний автобус?** [kag'da u'hɔdit pas'lednij aft'ɔbʊs?]
paragem	**остановка** [asta'nɔfka]

próxima paragem

следующая остановка
['sledʊɕəja asta'nɔfka]

última paragem

конечная остановка
[ka'netʃnəja asta'nɔfka]

Pare aqui, por favor.

Остановите здесь, пожалуйста.
[astana'wite zdesʲ, pa'ʒaləstə]

Desculpe, esta é a minha paragem.

Разрешите, это моя остановка.
[razre'ʃite, 'ɛtə ma'ja asta'nɔfka]

Comboio

comboio	**поезд** ['pɔest]
comboio sub-urbano	**пригородный поезд** ['prigəradnıj 'pɔest]
comboio de longa distância	**поезд дальнего следования** ['pɔest 'dalʲnevə 'sledavanija]
estação de comboio	**вокзал** [vak'zal]
Desculpe, onde fica a saída para a plataforma?	**Извините, где выход к поездам?** [izwi'nite, gde 'vıhət k paez'dam?]

Este comboio vai até ...?	**Этот поезд идёт до ...?** [ɛtət 'pɔest i'dʲot dɔ ...?]
próximo comboio	**следующий поезд** ['sledʊɕij 'pɔest]
Quando é o próximo comboio?	**Когда будет следующий поезд?** [kag'da 'bʊdet 'sledʊɕij 'pɔest?]
Onde posso ver o horário?	**Где можно посмотреть расписание?** [gde 'mɔʒnə pasmat'retʲ raspi'sanie?]
Apartir de que plataforma?	**С какой платформы?** [s ka'kɔj plat'fɔrmı?]
Quando é que o comboio chega a ...?	**Когда поезд прибывает в ...?** [kag'da 'pɔest pribı'vaet v ...?]

Ajude-me, por favor.	**Помогите мне, пожалуйста.** [pama'gite mne, pa'ʒaləstə]
Estou à procura do meu lugar.	**Я ищу своё место.** [ja i'ɕu sva'ʲo 'mestə]
Nós estamos à procura dos nossos lugares.	**Мы ищем наши места.** [mı 'iɕem 'naʃi mes'ta]
O meu lugar está ocupado.	**Моё место занято.** [ma'ʲo 'mestə 'zaɲatə]
Os nossos lugares estão ocupados.	**Наши места заняты.** ['naʃi mes'ta 'zaɲatı]

Peço desculpa mas este é o meu lugar.	**Извините, пожалуйста, но это моё место.** [izwi'nite, pa'ʒaləstə, nɔ 'ɛtə ma'ʲo 'mestə]
Este lugar está ocupado?	**Это место свободно?** [ɛtə 'mestə sva'bɔdnə?]
Posso sentar-me aqui?	**Могу я здесь сесть?** [ma'gʊ ja zdesʲ 'sestʲ?]

No comboio. Diálogo (Sem bilhete)

Bilhete, por favor.	**Ваш билет, пожалуйста.** [vaʃ bi'let, pa'ʒaləstə]
Não tenho bilhete.	**У меня нет билета.** [u me'ɲa net bi'leta]
Perdi o meu bilhete.	**Я потерял /потеряла/ свой билет.** [ja pate'rʲal /pate'rʲala/ svɔj bi'let]
Esqueci-me do bilhete em casa.	**Я забыл /забыла/ билет дома.** [ja za'bɪl /za'bɪla/ bi'let 'dɔma]

Pode comprar um bilhete a mim.	**Вы можете купить билет у меня.** [vɪ 'mɔʒɛte kʊ'pitʲ bi'let u me'ɲa]
Terá também de pagar uma multa.	**Вам ещё придётся заплатить штраф.** [vam i'ɕʲo pri'dʲoʦa zapla'titʲ 'ʃtraf]
Está bem.	**Хорошо.** [hara'ʃɔ]
Onde vai?	**Куда вы едете?** [kʊ'da vɪ 'edete?]
Eu vou para ...	**Я еду до ...** [ja 'edʊ dɔ ...]

Quanto é? Eu não entendo.	**Сколько? Я не понимаю.** ['skɔlʲkə? ja ne pani'maʲʉ]
Escreva, por favor.	**Напишите, пожалуйста.** [napi'ʃite, pa'ʒaləstə]
Está bem. Posso pagar com cartão de crédito?	**Хорошо. Могу я заплатить карточкой?** [hara'ʃɔ. ma'gʊ ja zapla'titʲ 'kartəʧkəj?]
Sim, pode.	**Да, можете.** [da 'mɔʒɛte]

Aqui tem a sua fatura.	**Вот ваша квитанция.** [vɔt 'vaʃʌ kwi'tanʦija]
Desculpe pela multa.	**Сожалею о штрафе.** [saʒə'leʲʉ ɔ 'ʃtrafe]
Não tem mal. A culpa foi minha.	**Это ничего. Это моя вина.** ['ɛtə niʧe'vɔ. 'ɛtə ma'ja wi'na]
Desfrute da sua viagem.	**Приятной вам поездки.** [pri'jatnəj vam pa'eztki]

Taxi

táxi	**такси** [tak'si]
taxista	**таксист** [tak'sist]
apanhar um táxi	**поймать такси** [paj'matʲ tak'si]
paragem de táxis	**стоянка такси** [sta'janka tak'si]
Onde posso apanhar um táxi?	**Где я могу взять такси?** [gde ja ma'gʊ vzʲatʲ tak'si?]
chamar um táxi	**вызвать такси** ['vɪzvatʲ tak'si]
Preciso de um táxi.	**Мне нужно такси.** [mne 'nʊʒnə tak'si]
Agora.	**Прямо сейчас.** ['prʲamə se'ʧas]
Qual é a sua morada?	**Ваш адрес?** [vaʃ 'adres?]
A minha morada é ...	**Мой адрес ...** [mɔj 'adres ...]
Qual o seu destino?	**Куда вы поедете?** [kʊ'da vɪ pɔ'edete?]
Desculpe, ...	**Извините, ...** [izwi'nite, ...]
Está livre?	**Вы свободны?** [vɪ sva'bɔdnɪ?]
Em quanto fica a corrida até ...?	**Сколько стоит доехать до ...?** ['skɔlʲkə 'stɔit da'ehatʲ dɔ ...?]
Sabe onde é?	**Вы знаете, где это?** [vɪ 'znaete, 'gde ɛtə?]
Para o aeroporto, por favor.	**В аэропорт, пожалуйста.** [v aəra'pɔrt, pa'ʒaləstə]
Pare aqui, por favor.	**Остановитесь здесь, пожалуйста.** [astana'witesʲ zdesʲ, pa'ʒaləstə]
Não é aqui.	**Это не здесь.** ['ɛtə ne zdesʲ]
Esta morada está errada. (Não é aqui)	**Это неправильный адрес.** ['ɛtə nep'rawilʲnɪj 'adres]
Vire à esquerda.	**Сейчас налево.** [si'ʧas na'levə]
Vire à direita.	**Сейчас направо.** [si'ʧas nap'ravə]

Quanto lhe devo?	**Сколько я вам должен /должна/?** ['skɔlʲkə ja vam 'dɔlʒen /dɔlʒ'na/?]
Queria fatura, por favor.	**Дайте мне чек, пожалуйста.** [dajte mne 'ʧek, pa'ʒaləstə]
Fique com o troco.	**Сдачи не надо.** [sdaʧi ne 'nadə]

Espere por mim, por favor.	**Подождите меня, пожалуйста.** [padaʒ'dite me'ɲa, pa'ʒaləstə]
5 minutos	**5 минут** [pʲatʲ mi'nʊt]
10 minutos	**10 минут** ['desʲatʲ mi'nʊt]
15 minutos	**15 минут** [pit'naʦatʲ mi'nʊt]
20 minutos	**20 минут** ['dvaʦatʲ mi'nʊt]
meia hora	**полчаса** [pɔlʧa'sa]

Hotel

Olá!	**Здравствуйте.** ['zdrastvʊjte]
Chamo-me ...	**Меня зовут ...** [mi'ɲa za'vʊt ...]
Tenho uma reserva.	**Я резервировал /резервировала/ номер.** [ja rezer'virəval /rezer'virəvala/ 'nɔmer]
Preciso de ...	**Мне нужен ...** [mne 'nʊʒən ...]
um quarto de solteiro	**одноместный номер** [ədna'mesnɪj 'nɔmer]
um quarto de casal	**двухместный номер** [dvʊh'mesnɪj 'nɔmer]
Quanto é?	**Сколько он стоит?** ['skɔlʲkə ɔn 'stɔit?]
Está um pouco caro.	**Это немного дорого.** [ɛtə nem'nɔgə 'dɔragə]
Não tem outras opções?	**У вас есть еще что-нибудь?** [u vas estʲ e'ɕʲo ʃtɔ ni'bʊtʲ?]
Eu fico com ele.	**Я возьму его.** [ja vazʲ'mʊ e'vɔ]
Eu pago em dinheiro.	**Я заплачу наличными.** [ja zapla'ʧu na'liʧnɪmi]
Tenho um problema.	**У меня проблема.** [u me'ɲa prab'lema]
O meu ... está partido /A minha ... está partida/.	**Мой ... сломан /Моя ... сломана/** [mɔj ... 'slɔman /ma'ja ... 'slɔmana/]
O meu ... está avariado /A minha ... está avariada/.	**Мой /Моя/ ... не работает.** [mɔj /ma'ja/ ... ne ra'bɔtaet]
televisor (m)	**телевизор (м)** [tele'wizər]
ar condicionado (m)	**кондиционер (м)** [kəndiʦia'ner]
torneira (f)	**кран (м)** [kran]
duche (m)	**душ (м)** [dʊʃ]
lavatório (m)	**раковина (ж)** ['rakəwina]

cofre (m)	**сейф (м)** [sɛjf]
fechadura (f)	**замок (м)** [za'mɔk]
tomada elétrica (f)	**розетка (ж)** [ra'zetka]
secador de cabelo (m)	**фен (м)** [fen]

Não tenho ...	**У меня нет ...** [u me'ɲa net ...]
água	**воды** [va'dı]
luz	**света** ['sweta]
eletricidade	**электричества** [ɛlekt'riʧestva]

Pode dar-me ...?	**Можете мне дать ...?** ['mɔʒete mne datʲ ...?]
uma toalha	**полотенце** [pala'tenʦe]
um cobertor	**одеяло** [ade'jalə]
uns chinelos	**тапочки** ['tapəʧki]
um roupão	**халат** [ha'lat]
algum champô	**шампунь** [ʃʌm'pʊnʲ]
algum sabonete	**мыло** ['mılə]

Gostaria de trocar de quartos.	**Я хотел бы /хотела бы/ поменять номер.** [ja ha'tel /ha'tela/ bı pame'ɲatʲ 'nɔmer]
Não consigo encontrar a minha chave.	**Я не могу найти свой ключ.** [ja ne ma'gʊ naj'ti svɔj klʲʉʧ]
Abra-me o quarto, por favor.	**Откройте мой номер, пожалуйста.** [atk'rɔjte mɔj 'nɔmer, pa'ʒaləstə]
Quem é?	**Кто там?** [ktɔ tam?]
Entre!	**Войдите!** [vaj'dite!]
Um minuto!	**Одну минуту!** [ad'nʊ mi'nʊtʊ!]

Agora não, por favor.	**Пожалуйста, не сейчас.** [pa'ʒaləstə, ne se'ʧas]
Venha ao meu quarto, por favor.	**Зайдите ко мне, пожалуйста.** [zaj'dite kam'ne, pa'ʒaləstə]

Gostaria de encomendar comida.	**Я хочу сделать заказ еды в номер.** [ja ha'ʧu 'sdelatʲ za'kas e'dɪ v 'nɔmer]
O número do meu quarto é ...	**Мой номер комнаты ...** [mɔj 'nɔmer 'kɔmnatɪ ...]

Estou de saída ...	**Я уезжаю ...** [ja ue'ʑʑaʲu ...]
Estamos de saída ...	**Мы уезжаем ...** [mɪ ue'ʑʑaem ...]
agora	**сейчас** [se'ʧas]
esta tarde	**сегодня после обеда** [se'vɔdɲa 'pɔsle a'beda]
hoje à noite	**сегодня вечером** [se'vɔdɲa 'weʧerəm]
amanhã	**завтра** ['zaftra]
amanhã de manhã	**завтра утром** ['zaftra 'utrəm]
amanhã ao fim da tarde	**завтра вечером** ['zaftra 'weʧerəm]
depois de amanhã	**послезавтра** [pɔsle'zaftra]

Gostaria de pagar.	**Я хотел бы /хотела бы/ рассчитаться.** [ja ha'tel /ha'tela/ bɪ rasɕi'taʦa]
Estava tudo maravilhoso.	**Всё было отлично.** [vsʲo 'bɪlə at'liʧnə]
Onde posso apanhar um táxi?	**Где я могу взять такси?** [gde ja ma'gʊ vzʲatʲ tak'si?]
Pode me chamar um táxi, por favor?	**Вызовите мне такси, пожалуйста.** [vɪzawite mne tak'si, pa'ʒaləstə]

Restaurante

Posso ver o menu, por favor?
Могу я посмотреть ваше меню?
[ma'gʊ ja pasmat'retʲ 'vaʃə me'nʲʉ?]

Mesa para um.
Столик для одного.
[stolik dʎa adna'vɔ]

Somos dois (três, quatro).
Нас двое (трое, четверо).
[nas 'dvɔe ('trɔe, 'tʃetwerə)]

Para fumadores
Для курящих
[dʎa kʊ'rʲaɕih]

Para não fumadores
Для некурящих
[dʎa nekʊ'rʲaɕih]

Por favor!
Будьте добры!
['bʊtʲte dab'rɪ!]

menu
меню
[me'nʲʉ]

lista de vinhos
карта вин
['karta win]

O menu, por favor.
Меню, пожалуйста.
[me'nʲʉ, pa'ʒaləstə]

Já escolheu?
Вы готовы сделать заказ?
[vɪ ga'tɔvɪ 'sdelatʲ za'kas?]

O que vai tomar?
Что вы будете заказывать?
[ʃtɔ vɪ 'bʊdete za'kazɪvatʲ?]

Eu quero …
Я буду …
[ja 'bʊdʊ …]

Eu sou vegetariano /vegetariana/.
Я вегетарианец /вегетарианка/.
[ja wegetari'anets /wegetari'anka/]

carne
мясо
['mʲasə]

peixe
рыба
['rɪba]

vegetais
овощи
['ovaɕi]

Tem pratos vegetarianos?
У вас есть вегетарианские блюда?
[u vas estʲ wegetari'anskie b'lʲʉda?]

Não como porco.
Я не ем свинину.
[ja ne 'em svi'ninʊ]

Ele /ela/ não come porco.
Он /она/ не ест мясо.
[an /a'na/ ne est 'mʲasə]

Sou alérgico /alérgica/ a …
У меня аллергия на …
[u me'ɲa aler'gija na …]

Por favor, pode trazer-me ...?	**Принесите мне, пожалуйста ...** [prine'site mne, pa'ʒaləstə ...]
sal | pimenta | açucar	**соль | перец | сахар** [sɔlʲ | 'perets | 'sahar]
café | chá | sobremesa	**кофе | чай | десерт** ['kɔfe | tʃaj | de'sert]
água | com gás | sem gás	**вода | с газом | без газа** [va'da | s 'gazəm | bes 'gaza]
uma colher | um garfo | uma faca	**ложка | вилка | нож** ['lɔʃka | 'wilka | nɔʃ]
um prato | um guardanapo	**тарелка | салфетка** [ta'relka | sal'fetka]

Bom apetite!	**Приятного аппетита!** [pri'jatnəvə ape'tita!]
Mais um, por favor.	**Принесите ещё, пожалуйста.** [prine'site e'ɕʲo, pa'ʒaləstə]
Estava delicioso.	**Было очень вкусно.** ['bɪlə 'ɔtʃenʲ 'vkʊsnə]

conta | troco | gorjeta	**счёт | сдача | чаевые** [ɕʲot | 'sdatʃə | tʃəi'vie]
A conta, por favor.	**Счёт, пожалуйста.** [ɕʲot, pa'ʒaləstə]
Posso pagar com cartão de crédito?	**Могу я заплатить карточкой?** [ma'gʊ ja zapla'titʲ 'kartətʃkəj?]
Desculpe, mas tem um erro aqui.	**Извините, здесь ошибка.** [izwi'nite, zdesʲ a'ʃipka]

Centro Comercial

Posso ajudá-lo /ajudá-la/?
Могу я вам помочь?
[ma'gʊ ja vam pa'mɔʧ?]

Tem ...?
У вас есть ...?
[u vas estʲ ...?]

Estou à procura de ...
Я ищу ...
[ja i'ɕu ...]

Preciso de ...
Мне нужен ...
[mne 'nʊʒən ...]

Estou só a ver.
Я просто смотрю.
[ja 'prɔstə smat'rʲu]

Estamos só a ver.
Мы просто смотрим.
[mɪ 'prɔstə 'smɔtrim]

Volto mais tarde.
Я зайду позже.
[ja zaj'dʊ 'pɔʑʑə]

Voltamos mais tarde.
Мы зайдём позже.
[mɪ zaj'dʲom 'pɔʑʑə]

descontos | saldos
скидки | распродажа
['skitki | raspra'daʒa]

Mostre-me, por favor ...
Покажите мне, пожалуйста ...
[paka'ʒite mne, pa'ʒaləstə ...]

Dê-me, por favor ...
Дайте мне, пожалуйста ...
[dajte mne, pa'ʒaləstə ...]

Posso experimentar?
Могу я это примерить?
[ma'gʊ ja 'ɛtə pri'meritʲ?]

Desculpe, onde fica a cabine de prova?
Извините, где примерочная?
[izwi'nite, gde pri'merəʧnəja?]

Que cor prefere?
Какой цвет вы хотите?
[ka'kɔj ʦwet vɪ ha'tite?]

tamanho | cvomprimento
размер | рост
[raz'mer | rɔst]

Como lhe fica?
Подошло?
[pada'ʃlɔ?]

Quanto é que isto custa?
Сколько это стоит?
['skolʲkə 'ɛtə 'stɔit?]

É muito caro.
Это слишком дорого.
['ɛtə 'sliʃkəm 'dɔragə]

Eu fico com ele.
Я возьму это.
[ja vɔzʲ'mʊ 'ɛtə]

Desculpe, onde fica a caixa?
Извините, где касса?
[izwi'nite, gde 'kassa?]

Vai pagar a dinheiro ou com cartão de crédito?

Как вы будете платить?
[kak vɪ 'bʊdete pla'titʲ?]

A dinheiro | com cartão de crédito

наличными | карточкой
[na'litʃnɪmi | 'kartətʃkəj]

Pretende fatura?

Вам нужен чек?
[vam 'nʊʒən tʃek?]

Sim, por favor.

Да, будьте добры.
[da, 'bʊtʲte dab'rɪ]

Não. Está bem!

Нет, не надо. Спасибо.
[net, ne 'nadə. spa'sibə]

Obrigado /Obrigada/.
Tenha um bom dia!

Спасибо. Всего хорошего!
[spa'sibə. vse'vɔ ha'rɔʃəvə!]

Na cidade

Desculpe, por favor ...	**Извините, пожалуйста ...** [izwi'nite, pa'ʒaləstə ...]
Estou à procura ...	**Я ищу ...** [ja i'ɕu ...]
do metro	**метро** [me'trɔ]
do meu hotel	**свою гостиницу** [svɔ'ʲʉ gas'tinitsu]
do cinema	**кинотеатр** [kinəte'atr]
da praça de táxis	**стоянку такси** [sta'janku tak'si]
do multibanco	**банкомат** [banka'mat]
de uma casa de câmbio	**обмен валют** [ab'men va'lʲʉt]
de um café internet	**интернет-кафе** [intɛr'nɛt ka'fɛ]
da rua ...	**улицу ...** ['ulitsu ...]
deste lugar	**вот это место** [vɔt 'ɛtə 'mestə]
Sabe dizer-me onde fica ...?	**Вы не знаете, где находится ...?** [vı ne 'znaete, gde na'hɔditsa ...?]
Como se chama esta rua?	**Как называется эта улица?** [kak nazı'vaetsa 'ɛta 'ulitsa?]
Mostre-me onde estamos de momento.	**Покажите, где мы сейчас.** [paka'ʒite, gde mı se'tʃas]
Posso ir até lá a pé?	**Я дойду туда пешком?** [ja daj'dʊ tʊ'da peʃ'kɔm?]
Tem algum mapa da cidade?	**У вас есть карта города?** [u vas estʲ 'karta 'gɔrada?]
Quanto custa a entrada?	**Сколько стоит билет?** ['skɔlʲkə 'stɔit bi'let?]
Pode-se fotografar aqui?	**Здесь можно фотографировать?** [zdesʲ 'mɔʒnə fɔtagra'firəvatʲ?]
Estão abertos?	**Вы открыты?** [vı atk'rıtı?]

A que horas abrem?

Во сколько вы открываетесь?
[vɔ 'skolʲkə vɪ atkrɪ'vaetesʲ?]

A que horas fecham?

До которого часа вы работаете?
[dɔ ka'tɔrəvə 'ʧasa vɪ ra'bɔtaete?]

Dinheiro

dinheiro	**деньги** ['denʲgi]
a dinheiro	**наличные деньги** [na'litʃnɪe 'denʲgi]
dinheiro de papel	**бумажные деньги** [bʊ'maʒnɪe 'denʲgi]
troco	**мелочь** ['melɔtʃ]
conta | troco | gorjeta	**счет | сдача | чаевые** [ɕʲot | 'sdatʃə | tʃəi'vɪe]
cartão de crédito	**кредитная карточка** [kre'ditnəja 'kartətʃka]
carteira	**бумажник** [bʊ'maʒnik]
comprar	**покупать** [pakʊ'patʲ]
pagar	**платить** [pla'titʲ]
multa	**штраф** [ʃtraf]
gratuito	**бесплатно** [bisp'latnə]
Onde é que posso comprar …?	**Где я могу купить …?** [gde ja ma'gʊ kʊ'pitʲ …?]
O banco está aberto agora?	**Банк сейчас открыт?** [bank se'tʃas atk'rɪt?]
Quando abre?	**Во сколько он открывается?** [vɔ 'skɔlʲkə ɔn atkrɪ'vaetsa?]
Quando fecha?	**До которого часа он работает?** [dɔ ka'tɔrəvə 'tʃasa an ra'bɔtaet?]
Quanto?	**Сколько?** ['skɔlʲkə?]
Quanto custa isto?	**Сколько это стоит?** ['skɔlʲkə 'ɛtə 'stɔit?]
É muito caro.	**Это слишком дорого.** ['ɛtə 'sliʃkəm 'dɔragə]
Desculpe, onde fica a caixa?	**Извините, где касса?** [izwi'nite, gde 'kassa?]
A conta, por favor.	**Счёт, пожалуйста.** [ɕʲot, pa'ʒaləstə]

Posso pagar com cartão de crédito?

Могу я заплатить карточкой?
[ma'gʊ ja zapla'titʲ 'kartətʃkəj?]

Há algum Multibanco aqui?

Здесь есть банкомат?
[zdesʲ estʲ banka'mat?]

Estou à procura de um Multibanco.

Мне нужен банкомат.
[mne 'nʊʒən banka'mat]

Estou à procura de uma
casa de câmbio.

Я ищу обмен валют.
[ja i'ɕu ab'men va'lʲʉt]

Eu gostaria de trocar ...

Я бы хотел /хотела/ поменять ...
[ja bɪ ha'tel /ha'tela/ pame'ɲatʲ ...]

Qual a taxa de câmbio?

Какой курс обмена?
[ka'koj kʊrs ab'mena]

Precisa do meu passaporte?

Вам нужен мой паспорт?
[vam 'nʊʒən moj 'paspərt?]

Tempo

Que horas são?	**Который час?** [ka'tɔrıj ʧas?]
Quando?	**Когда?** [kag'da?]
A que horas?	**Во сколько?** [va 'skɔlʲkə?]
agora | mais tarde | depois ...	**сейчас | позже | после ...** [se'ʧas | 'pɔʐʐe | 'pɔsle ...]
uma em ponto	**Час дня** [ʧas dɲa]
uma e quinze	**Час пятнадцать** [ʧas pit'naʦatʲ]
uma e trinta	**Час тридцать** [ʧas t'riʦatʲ]
uma e quarenta e cinco	**Без пятнадцати два** [bez pit'naʦati dva]
um | dois | três	**один | два | три** [a'din | dva | tri]
quatro | cinco | seis	**четыре | пять | шесть** [ʧe'tıre | pʲatʲ | ʃɛstʲ]
set | oito | nove	**семь | восемь | девять** [semʲ | 'vɔsemʲ | 'devʲatʲ]
dez | onze | doze	**десять | одиннадцать | двенадцать** ['desʲatʲ | a'dinnaʦatʲ | dwi'naʦatʲ]
dentro de ...	**через ...** [ʧerez ...]
5 minutos	**5 минут** [pʲatʲ mi'nʊt]
10 minutos	**10 минут** ['desʲatʲ mi'nʊt]
15 minutos	**15 минут** [pit'naʦatʲ mi'nʊt]
20 minutos	**20 минут** ['dvaʦatʲ mi'nʊt]
meia hora	**полчаса** [pɔlʧa'sa]
uma hora	**один час** [a'din ʧas]

de manhã	**утром** ['utrəm]
de manhã cedo	**рано утром** [ranə 'utrəm]
esta manhã	**сегодня утром** [se'vɔdɲa 'utrəm]
amanhã de manhã	**завтра утром** ['zaftrə 'utrəm]
ao meio-dia	**в обед** [v a'bet]
à tarde	**после обеда** ['pɔsle a'beda]
à noite (das 18h às 24h)	**вечером** ['wetʃerəm]
esta noite	**сегодня вечером** [se'vɔdɲa 'wetʃerəm]
à noite (da 0h às 6h)	**ночью** ['nɔtʃʲʉ]
ontem	**вчера** [vtʃe'ra]
hoje	**сегодня** [si'vɔdɲa]
amanhã	**завтра** ['zaftra]
depois de amanhã	**послезавтра** [pɔsle'zaftra]
Que dia é hoje?	**Какой сегодня день?** [ka'kɔj si'vɔdɲa denʲ?]
Hoje é ...	**Сегодня ...** [se'vɔdɲa ...]
segunda-feira	**понедельник** [pani'delʲnik]
terça-feira	**вторник** ['ftɔrnik]
quarta-feira	**среда** [sri'da]
quinta-feira	**четверг** [tʃet'werk]
sexta-feira	**пятница** ['pʲatnitsa]
sábado	**суббота** [sʊ'bɔta]
domingo	**воскресение** [vaskrə'seɲje]

Saudações. Apresentações

Olá!	**Здравствуйте.** ['zdrastvʊjte]
Prazer em conhecê-lo /conhecê-la/.	**Рад /рада/ с вами познакомиться.** [rad /'rada/ s 'vami pazna'kɔmitsa]
O prazer é todo meu.	**Я тоже.** [ja 'tɔʒɛ]
Apresento-lhe ...	**Знакомьтесь. Это ...** [zna'kɔmʲtesʲ. 'ɛtə ...]
Muito prazer.	**Очень приятно.** [ɔʧenʲ pri'jatnə]

Como está?	**Как вы? | Как у вас дела?** [kak vɪ? | kak u vas de'la?]
Chamo-me ...	**Меня зовут ...** [mi'ɲa za'vʊt ...]
Ele chama-se ...	**Его зовут ...** [e'vɔ za'vʊt ...]
Ela chama-se ...	**Её зовут ...** [eʲo za'vʊt ...]
Como é que o senhor /a senhora/ se chama?	**Как вас зовут?** [kak vas za'vʊt?]
Como é que ela se chama?	**Как его зовут?** [kak e'vɔ za'vʊt?]
Como é que ela se chama?	**Как ее зовут?** [kak eʲo za'vʊt?]

Qual o seu apelido?	**Как ваша фамилия?** [kak 'vaʃʌ fa'milija?]
Pode chamar-me ...	**Зовите меня ...** [za'wite me'ɲa ...]
De onde é?	**Откуда вы?** [at'kʊda vɪ]
Sou de ...	**Я из ...** [ja iz ...]
O que faz na vida?	**Кем вы работаете?** [kem vɪ ra'bɔtaete?]
Quem é este?	**Кто это?** [ktɔ 'ɛtə?]
Quem é ele?	**Кто он?** [ktɔ ɔn?]
Quem é ela?	**Кто она?** [ktɔ a'na?]
Quem são eles?	**Кто они?** [ktɔ a'ni?]

Este é ...	**Это ...** ['ɛtə ...]
o meu amigo	**мой друг** [mɔj drʊk]
a minha amiga	**моя подруга** [ma'ja pad'rʊga]
o meu marido	**мой муж** [mɔj mʊʃ]
a minha mulher	**моя жена** [ma'ja ʒi'na]

o meu pai	**мой отец** [mɔj a'tets]
a minha mãe	**моя мама** [ma'ja 'mama]
o meu irmão	**мой брат** [mɔj brat]
a minha irmã	**моя сестра** [ma'ja sist'ra]
o meu filho	**мой сын** [mɔj sɪn]
a minha filha	**моя дочь** [ma'ja dɔʧʲ]

Este é o nosso filho.	**Это наш сын.** ['ɛtə naʃ sɪn]
Este é a nossa filha.	**Это наша дочь.** ['ɛtə 'naʃʌ dɔʧʲ]
Estes são os meus filhos.	**Это мои дети.** ['ɛtə ma'i 'deti]
Estes são os nossos filhos.	**Это наши дети.** ['ɛtə 'naʃi 'deti]

Despedidas

Adeus!	До свидания! [dɔ swi'danija!]
Tchau!	Пока! [pa'ka!]
Até amanhã.	До завтра. [dɔ 'zaftra]
Até breve.	До встречи. [dɔ vstr'etʃi]
Até às sete.	Встретимся в семь. [vstr'etimsʲa v semʲ]

Diverte-te!	Развлекайтесь! [razvle'kajtesʲ!]
Falamos mais tarde.	Поговорим попозже. [pagava'rim pa'pɔʑʑə]
Bom fim de semana.	Удачных выходных. [u'datʃnıh vıhad'nıh]
Boa noite.	Спокойной ночи. [spa'kɔjnəj 'nɔtʃi]

Está na hora.	Мне пора. [mne pa'ra]
Preciso de ir embora.	Мне надо идти. [mne 'nadə it'ti]
Volto já.	Я сейчас вернусь. [ja se'tʃas wer'nʋsʲ]

Já é tarde.	Уже поздно. [u'ʒɛ 'pɔzdnə]
Tenho de me levantar cedo.	Мне рано вставать. [mne 'ranə vsta'vatʲ]
Vou-me embora amanhã.	Я завтра уезжаю. [ja 'zaftra ue'ʑʑaʲʋ]
Vamos embora amanhã.	Мы завтра уезжаем. [mı 'zaftra ue'ʑʑaem]

Boa viagem!	Счастливой поездки! [ɕas'livəj pa'eztki!]
Tive muito prazer em conhecer-vos.	Было приятно с вами познакомиться. ['bılə pri'jatnə s 'vami pazna'kɔmitsa]
Foi muito agradável falar consigo.	Было приятно с вами пообщаться. ['bılə pri'jatnə s 'vami paab'ɕatsa]

Obrigado /Obrigada/ por tudo.	**Спасибо за всё.** [spa'sibə za 'vsʲo]
Passei um tempo muito agradável.	**Я прекрасно провёл /провела/ время.** [ja pre'krasnə pra'wʲol /prawe'la/ 'vremʲa]
Passámos um tempo muito agradável.	**Мы прекрасно провели время.** [mı pre'krasnə prawe'li 'vremʲa]
Foi mesmo fantástico.	**Всё было замечательно.** [vsʲo 'bılə zame'ʧatelʲnə]
Vou ter saudades suas.	**Я буду скучать.** [ja 'bʊdʊ skʊ'ʧatʲ]
Vamos ter saudades suas.	**Мы будем скучать.** [mı 'bʊdem skʊ'ʧatʲ]

Boa sorte!	**Удачи! Счастливо!** [u'datʃi! 'ɕaslivə!]
Dê cumprimentos a ...	**Передавайте привет ...** [pereda'vajte pri'wet ...]

Língua estrangeira

Eu não entendo.

Я не понимаю.
[ja ne pani'maɪ̯ʉ]

Escreva isso, por favor.

Напишите это, пожалуйста.
[napi'ʃite 'ɛtə, pa'ʒaləstə]

O senhor /a senhora/ fala ...?

Вы знаете ...?
[vɪ 'znaete ...?]

Eu falo um pouco de ...

Я немного знаю ...
[ja nem'nɔgə 'znaɪ̯ʉ ...]

Inglês

английский
[ang'lijskij]

Turco

турецкий
[tʊ'retskij]

Árabe

арабский
[a'rapskij]

Francês

французский
[fran'tsuskij]

Alemão

немецкий
[ne'metskij]

Italiano

итальянский
[ita'ljanskij]

Espanhol

испанский
[is'panskij]

Português

португальский
[partʊgalʲskij]

Chinês

китайский
[ki'tajskij]

Japonês

японский
[ja'pɔnskij]

Pode repetir isso, por favor.

Повторите, пожалуйста.
[pavta'rite, pa'ʒaləstə]

Compreendo.

Я понимаю.
[ja pani'maɪ̯ʉ]

Eu não entendo.

Я не понимаю.
[ja ne pani'maɪ̯ʉ]

Por favor fale mais devagar.

Говорите медленнее, пожалуйста.
[gava'rite 'medlenee, pa'ʒaləstə]

Isso está certo?

Это правильно?
['ɛtə 'prawilʲnə?]

O que é isto? (O que significa?)

Что это?
[ʃtɔ 'ɛtə?]

Desculpas

Desculpe-me, por favor.

Извините, пожалуйста.
[izwi'nite, pa'ʒaləstə]

Lamento.

Я сожалею.
[ja saʒə'leʲʉ]

Tenho muita pena.

Мне очень жаль.
[mne 'ɔtʃenʲ ʒalʲ]

Desculpe, a culpa é minha.

Виноват /Виновата/, это моя вина.
[wina'vat /wina'vata/, 'ɛtə ma'ja wi'na]

O erro foi meu.

Моя ошибка.
[ma'ja a'ʃipka]

Posso ...?

Могу я ...?
[ma'gʊ ja ...?]

O senhor /a senhora/ não
se importa se eu ...?

Вы не будете возражать, если я ...?
[vɪ ne 'bʊdete vazra'ʒatʲ, 'esli ja ...?]

Não faz mal.

Ничего страшного.
[nitʃe'vɔ 'straʃnəve]

Está tudo em ordem.

Всё в порядке.
[vsʲo v pa'rʲatke]

Não se preocupe.

Не беспокойтесь.
[ne bespa'kɔjtesʲ]

Acordo

Sim.	**Да.** [da]
Sim, claro.	**Да, конечно.** [da, ka'neʃnə]
Está bem!	**Хорошо!** [hara'ʃɔ!]
Muito bem.	**Очень хорошо.** ['ɔʧenʲ hara'ʃɔ]
Claro!	**Конечно!** [ka'neʃnə!]
Concordo.	**Я согласен /согласна/.** [ja sag'lasen /sag'lasna/]

Certo.	**Верно.** ['wernə]
Correto.	**Правильно.** ['prawilʲnə]
Tem razão.	**Вы правы.** [vɪ 'pravɪ]
Eu não me oponho.	**Я не возражаю.** [ja ne vazra'ʒaʲʉ]
Absolutamente certo.	**Совершенно верно.** [sawer'ʃɛnnə 'wernə]

É possível.	**Это возможно.** ['ɛtə vaz'mɔʒnə]
É uma boa ideia.	**Это хорошая мысль.** [ɛtə ha'rɔʃəja mɪslʲ]
Não posso recusar.	**Не могу отказать.** [ne ma'gʊ atka'zatʲ]
Terei muito gosto.	**Буду рад /рада/.** [bʊdʊ rad /'rada/]
Com prazer.	**С удовольствием.** [s uda'vɔlʲstwiem]

Recusa. Expressão de dúvida

Não.	**Нет.** [net]
Claro que não.	**Конечно нет.** [ka'neʃnə net]
Não concordo.	**Я не согласен /не согласна/.** [ja ne sag'lasen /ne sag'lasna/]
Não creio.	**Я так не думаю.** [ja tak ne 'dumaʲu]
Isso não é verdade.	**Это неправда.** ['ɛtə nep'ravda]

O senhor /a senhora/ não tem razão.	**Вы неправы.** [vɨ nep'ravɨ]
Acho que o senhor /a senhora/ não tem razão.	**Я думаю, что вы неправы.** [ja 'dumaʲu, ʃtɔ vɨ nep'ravɨ]
Não tenho a certeza.	**Не уверен /не уверена/.** [ne u'veren /ne u'verena/]
É impossível.	**Это невозможно.** ['ɛtə nevaz'mɔʒnə]
De modo algum!	**Ничего подобного!** [niʧe'vɔ pa'dɔbnəvə!]

Exatamente o contrário.	**Наоборот!** [naaba'rɔt!]
Sou contra.	**Я против.** [ja 'prɔtiv]
Não me importo.	**Мне всё равно.** [mne vsʲo rav'nɔ]
Não faço ideia.	**Понятия не имею.** [pa'ɲatija ne i'meʲu]
Não creio.	**Сомневаюсь, что это так.** [samne'vaʲusʲ, ʃtɔ 'ɛtə tak]

Desculpe, mas não posso.	**Извините, я не могу.** [izwi'nite, ja ne ma'gu]
Desculpe, mas não quero.	**Извините, я не хочу.** [izwi'nite, ja ne ha'ʧu]

Desculpe, não quero isso.	**Спасибо, мне это не нужно.** [spa'sibə, mne 'ɛtə ne 'nuʒnə]
Já é muito tarde.	**Уже поздно.** [u'ʒɛ 'pɔzdnə]

Tenho de me levantar cedo.

Мне рано вставать.
[mne 'ranə vsta'vatʲ]

Não me sinto bem.

Я плохо себя чувствую.
[ja 'plɔhə se'bʲa 'ʧustvʊˈʉ]

Expressão de gratidão

Obrigado /Obrigada/.
Спасибо.
[spa'sibə]

Muito obrigado /obrigada/.
Спасибо большое.
[spa'sibə balʲˈʃɘe]

Fico muito grato /grata/.
Очень признателен /признательна/.
[ɔtʃenʲ priz'natelen /priz'natelʲna/]

Estou-lhe muito reconhecido.
Я вам благодарен /благодарна/.
[ja vam blaga'daren /blaga'darna/]

Estamos-lhe muito reconhecidos.
Мы Вам благодарны.
[mɪ vam blaga'darnɪ]

Obrigado /Obrigada/ pelo seu tempo.
Спасибо, что потратили время.
[spa'sibə, ʃtɔ pat'ratili 'vremʲa]

Obrigado /Obrigada/ por tudo.
Спасибо за всё.
[spa'sibə za 'vsʲo]

Obrigado /Obrigada/ ...
Спасибо за ...
[spa'sibə za ...]

... pela sua ajuda
вашу помощь
[vaʃʊ 'pɔmaɕ]

... por este tempo bem passado
хорошее время
[ha'rɔʃɘe 'vremʲa]

... pela comida deliciosa
прекрасную еду
[pre'krasnʊʉ e'dʊ]

... por esta noite agradável
приятный вечер
[pri'jatnɪj 'wetʃer]

... pelo dia maravilhoso
замечательный день
[zami'tʃatelʲnɪj denʲ]

... pela jornada fantástica
интересную экскурсию
[inte'resnʊʉ ɛks'kʊrsiʲʉ]

Não tem de quê.
Не за что.
[ne za ʃtə]

Não precisa agradecer.
Не стоит благодарности.
[ne 'stɔit blaga'darnasti]

Disponha sempre.
Всегда пожалуйста.
[vseg'da pa'ʒaləsta]

Foi um prazer ajudar.
Был рад /Была рада/ помочь.
[bɪl rad /bɪ'la 'rada/ pa'mɔtʃ]

Esqueça isso.
Забудьте. Всё в порядке.
[za'butʲte. fsʲo f pɔ'rʲatke]

Não se preocupe.
Не беспокойтесь.
[ne bespa'kɔjtesʲ]

Parabéns. Cumprimentos

Parabéns!	**Поздравляю!** [pazdrav'ʎaʲu!]
Feliz aniversário!	**С днём рождения!** [s 'dnʲom raʒ'denija!]
Feliz Natal!	**Весёлого рождества!** [we'sʲoləvə raʒdest'va!]
Feliz Ano Novo!	**С Новым годом!** [s 'nɔvɪm 'gɔdəm!]
Feliz Páscoa!	**Со Светлой Пасхой!** [sɔ 'swetləj 'pashəj!]
Feliz Hanukkah!	**Счастливой Хануки!** [ɕas'livəj 'hanʊki!]
Gostaria de fazer um brinde.	**У меня есть тост.** [u me'ɲa estʲ tɔst]
Saúde!	**За ваше здоровье!** [za 'vaʃə zda'rɔvje]
Bebamos a ...!	**Выпьем за ... !** ['vɪpjem za ... !]
Ao nosso sucesso!	**За наш успех!** [za naʃ us'peh!]
Ao vosso sucesso!	**За ваш успех!** [za vaʃ us'peh!]
Boa sorte!	**Удачи!** [u'daʧi!]
Tenha um bom dia!	**Приятного вам дня!** [pri'jatnəvə vam dɲa!]
Tenha um bom feriado!	**Хорошего вам отдыха!** [ha'rɔʃəvə vam 'ɔtdɪha!]
Tenha uma viagem segura!	**Удачной поездки!** [u'daʧnəj pa'eztki!]
Espero que melhore em breve!	**Желаю вам скорого выздоровления!** [ʒe'laʲu vam 'skɔrəvə vɪzdarav'lenija!]

Socializando

Porque é que está chateado /chateada/?	**Почему вы расстроены?** [patʃe'mʊ vɪ rast'rɔenɪ?]
Sorria!	**Улыбнитесь!** [ulɪb'nitesʲ!]
Está livre esta noite?	**Вы не заняты сегодня вечером?** [vɪ ne zaɲatɪ se'vɔdɲa 'wetʃerəm?]
Posso oferecer-lhe algo para beber?	**Могу я предложить вам выпить?** [ma'gʊ ja predla'ʒitʲ vam 'vɪpitʲ?]
Você quer dançar?	**Не хотите потанцевать?** [ne ha'tite patantse'vatʲ?]
Vamos ao cinema.	**Может сходим в кино?** ['mɔʒet 'shɔdim v ki'nɔ?]
Gostaria de a convidar para ir ...	**Могу я пригласить вас в ...?** [ma'gʊ ja prigla'sitʲ vas v ...?]
ao restaurante	**ресторан** [resta'ran]
ao cinema	**кино** [ki'nɔ]
ao teatro	**театр** [te'atr]
passear	**на прогулку** [na pra'gʊlkʊ]
A que horas?	**Во сколько?** [va 'skɔlʲkə?]
hoje à noite	**сегодня вечером** [se'vɔdɲa 'wetʃerəm]
às 6 horas	**в 6 часов** [v ʃɛstʲ tʃa'sɔf]
às 7 horas	**в 7 часов** [v semʲ tʃa'sɔf]
às 8 horas	**в 8 часов** [v 'vɔsemʲ tʃa'sɔf]
às 9 horas	**в 9 часов** [v 'devʲatʲ tʃa'sɔf]
Gosta deste local?	**Вам здесь нравится?** [vam zdesʲ 'nrawitsa?]
Está com alguém?	**Вы здесь с кем-то?** [vɪ zdesʲ s 'kem tə?]
Estou com o meu amigo.	**Я с другом /подругой/.** [ja s 'drʊgəm /pad'rʊgəj/]

Estou com os meus amigos.	**Я с друзьями.** [ja s drʊ'zjʲami]
Não, estou sozinho /sozinha/.	**Я один /одна/.** [ja a'din /ad'na/]

Tens namorado?	**У тебя есть приятель?** [u te'bʲa estʲ pri'jatelʲ?]
Tenho namorado.	**У меня есть друг.** [u me'ɲa estʲ drʊk]
Tens namorada?	**У тебя есть подружка?** [u te'bʲa estʲ pad'rʊʃka?]
Tenho namorada.	**У меня есть девушка.** [u me'ɲa estʲ 'devʊʃka]

Posso voltar a vêr-te?	**Мы еще встретимся?** [mı e'ɕʲo vst'retimsʲa?]
Posso ligar-te?	**Можно я тебе позвоню?** [mɔʒnə ja te'be pazva'nʲʉ?]
Liga-me.	**Позвони мне.** [pazva'ni mne]
Qual é o teu número?	**Какой у тебя номер?** [ka'kɔj u te'bʲa 'nɔmer?]
Tenho saudades tuas.	**Я скучаю по тебе.** [ja skʊ'ʧaʲʉ pa te'be]

Tem um nome muito bonito.	**У вас очень красивое имя.** [u vas 'ɔʧenʲ kra'sivae 'imʲa]
Amo-te.	**Я тебя люблю.** [ja te'bʲa lʲʉb'lʲʉ]
Quer casar comigo?	**Выходи за меня.** [vıha'di za me'ɲa]

Você está a brincar!	**Вы шутите!** [vı 'ʃʊtite!]
Estou só a brincar.	**Я просто шучу.** [ja 'prɔstə ʃʊ'ʧu]

Está a falar a sério?	**Вы серьезно?** [vı se'rjoznə?]
Estou a falar a sério.	**Я серьёзно.** [ja se'rjʲoznə]
De verdade?!	**Правда?!** ['pravda?!]
Incrível!	**Это невероятно!** ['ɛtə newera'jatnə]
Não acredito.	**Я вам не верю.** [ja vam ne 'werʲʉ]

Não posso.	**Я не могу.** [ja ne ma'gʊ]
Não sei.	**Я не знаю.** [ja ne 'znaʲʉ]

Não entendo o que está a dizer.	**Я вас не понимаю.** [ja vas ne pani'maʲu]
Saia, por favor.	**Уйдите, пожалуйста.** [uj'dite, pa'ʒaləstə]
Deixe-me em paz!	**Оставьте меня в покое!** [as'tavʲte me'ɲa v pa'kɔe!]

Eu não o suporto.	**Я его не выношу.** [ja e'gɔ ne vɪna'ʃʊ]
Você é detestável!	**Вы отвратительны!** [vɪ atvra'titelʲnɪ!]
Vou chamar a polícia!	**Я вызову полицию!** [ja 'vɪzavʊ pa'liʦiʲu!]

Partilha de impressões. Emoções

Gosto disto.	**Мне это нравится.** [mne 'ɛtə 'nrawitsa]
É muito simpático.	**Очень мило.** ['ɔtʃenʲ 'milə]
Fixe!	**Это здорово!** ['ɛtə 'zdɔrɔvə!]
Não é mau.	**Это неплохо.** ['ɛtə nep'lɔhə]
Não gosto disto.	**Мне это не нравится.** [mne 'ɛtə ne 'nrawitsa]
Isso não está certo.	**Это нехорошо.** ['ɛtə nehara'ʃɔ]
Isso é mau.	**Это плохо.** ['ɛtə 'plɔhə]
Isso é muito mau.	**Это очень плохо.** ['ɛtə 'ɔtʃenʲ 'plɔhə]
Isso é asqueroso.	**Это отвратительно.** ['ɛtə atvra'titelʲnə]
Estou feliz.	**Я счастлив /счастлива/.** [ja 'ɕʲasliv /'ɕʲasliva/]
Estou contente.	**Я доволен /довольна/.** [ja da'vɔlen /da'vɔlʲna/]
Estou apaixonado /apaixonada/.	**Я влюблён /влюблена/.** [ja vlʲʉb'lʲon /vlʲʉble'na/]
Estou calmo /calma/.	**Я спокоен /спокойна/.** [ja spa'kɔen /spa'kɔjna/]
Estou aborrecido /aborrecida/.	**Мне скучно.** [mne 'skʊʃnə]
Estou cansado /cansada/.	**Я устал /устала/.** [ja us'tal /us'tala/]
Estou triste.	**Мне грустно.** [mne 'grʊsnə]
Estou apavorado /apavorada/.	**Я напуган /напугана/.** [ja na'pʊgan /na'pʊgana/]
Estou zangado /zangada/.	**Я злюсь.** [ja zlʲʉsʲ]
Estou preocupado /preocupada/.	**Я волнуюсь.** [ja val'nʊʲʉsʲ]
Estou nervoso /nervosa/.	**Я нервничаю.** [ja 'nervnitʃaʲʉ]

Estou ciumento /ciumenta/.

Я завидую.
[ja za'widuʲʉ]

Estou surpreendido /surpreendida/.

Я удивлён /удивлена/.
[ja udiv'lʲon /udivle'na/]

Estou perplexo /perplexa/.

Я озадачен /озадачена/.
[ja aza'datʃen /aza'datʃena/]

Problemas. Acidentes

Tenho um problema.	**У меня проблема.** [u me'ɲa prab'lema]
Temos um problema.	**У нас проблема.** [u nas prab'lema]
Estou perdido.	**Я заблудился /заблудилась/.** [ja zablu'dilsʲa /zablu'dilasʲ/]
Perdi o último autocarro.	**Я опоздал на последний автобус (поезд).** [ja apaz'dal na pas'lednij aft'ɔbʊs ('pɔest)]
Não me resta nenhum dinheiro.	**У меня совсем не осталось денег.** [u me'ɲa sav'sem ne as'taləsʲ 'denek]

Eu perdi ...	**Я потерял /потеряла/ ...** [ja pate'rʲal /pate'rʲala/ ...]
Roubaram-me ...	**У меня украли ...** [u me'ɲa uk'rali ...]
o meu passaporte	**паспорт** ['paspərt]
a minha carteira	**бумажник** [bʊ'maʒnik]
os meus papéis	**документы** [dakʊ'mentɪ]
o meu bilhete	**билет** [bi'let]

o dinheiro	**деньги** ['denʲgi]
a minha mala	**сумку** ['sʊmkʊ]
a minha camara	**фотоаппарат** ['fɔta apa'rat]
o meu computador	**ноутбук** [nɔut'bʊk]
o meu tablet	**планшет** [plan'ʃət]
o meu telemóvel	**телефон** [tele'fɔn]

Ajude-me!	**Помогите!** [pama'gite]
O que é que aconteceu?	**Что случилось?** [ʃtɔ slu'ʧiləsʲ?]

fogo	**пожар** [pa'ʒar]
tiroteio	**стрельба** [strelʲ'ba]
assassínio	**убийство** [u'bijstvə]
explosão	**взрыв** [vzrɪv]
briga	**драка** ['draka]

Chame a polícia!	**Вызовите полицию!** ['vɪzawite pa'litsiʲʉ!]
Mais depressa, por favor!	**Пожалуйста, быстрее!** [pa'ʒaləstə, bɪst'ree!]
Estou à procura de uma esquadra de polícia.	**Я ищу полицейский участок.** [ja i'ɕu pali'tsɛjskij u'tʃastək]
Preciso de telefonar.	**Мне нужно позвонить.** [mne 'nʊʒnə pazva'nitʲ]
Posso telefonar?	**Могу я позвонить?** [ma'gʊ ja pazva'nitʲ?]

Fui ...	**Меня ...** [mi'ɲa ...]
assaltado /assaltada/	**ограбили** [ag'rabili]
roubado /roubada/	**обокрали** [abak'rali]
violada	**изнасиловали** [izna'siləvali]
atacado /atacada/	**избили** [iz'bili]

Está tudo bem consigo?	**С вами все в порядке?** [s 'vami vsʲo v pa'rʲatke?]
Viu quem foi?	**Вы видели, кто это был?** [vɪ 'wideli, ktɔ 'ɛtə bɪl?]
Seria capaz de reconhecer a pessoa?	**Вы сможете его узнать?** [vɪ s'mɔʒete e'vɔ uz'natʲ?]
Tem a certeza?	**Вы точно уверены?** [vɪ 'tɔtʃnə u'werenɪ?]

Acalme-se, por favor.	**Пожалуйста, успокойтесь.** [pa'ʒaləstə, uspa'kɔjtesʲ]
Calma!	**Спокойнее!** [spa'kɔjnee!]
Não se preocupe.	**Не беспокойтесь.** [ne bespa'kɔjtesʲ]
Vai ficar tudo bem.	**Всё будет хорошо.** [vsʲo 'bʊdet hara'ʃɔ]
Está tudo em ordem.	**Всё в порядке.** [vsʲo v pa'rʲatke]

Chegue aqui, por favor.

Подойдите, пожалуйста.
[padaj'dite, pa'ʒaləstə]

Tenho algumas questões a colocar-lhe.

У меня к вам несколько вопросов.
[u me'ɲa k vam 'neskalʲkə vap'rɔsəf]

Aguarde um momento, por favor.

Подождите, пожалуйста.
[padaʒ'dite, pa'ʒaləstə]

Tem alguma identificação?

У вас есть документы?
[u vas estʲ daku'mentɪ?]

Obrigado. Pode ir.

Спасибо. Вы можете идти.
[spa'sibə. vɪ 'mɔʒɛte it'ti]

Mãos atrás da cabeça!

Руки за голову!
['rʊki 'zagalavʊ!]

Você está preso!

Вы арестованы!
[vɪ ares'tɔvanɪ!]

Problemas de saúde

Ajude-me, por favor.
Помогите, пожалуйста.
[pama'gite, pa'ʒaləstə]

Não me sinto bem.
Мне плохо.
[mne 'plɔhə]

O meu marido não se sente bem.
Моему мужу плохо.
[mae'mʊ 'mʊʒu 'plɔhə]

O meu filho ...
Моему сыну ...
[mae'mʊ 'sɪnʊ ...]

O meu pai ...
Моему отцу ...
[mae'mʊ at'ʦu ...]

A minha mulher não se sente bem.
Моей жене плохо.
[ma'ej ʒɛne 'plɔhə]

A minha filha ...
Моей дочери ...
[ma'ej 'dɔtʃeri ...]

A minha mãe ...
Моей матери ...
[ma'ej 'materi ...]

Tenho uma ...
У меня болит ...
[u me'ɲa ba'lit ...]

dor de cabeça
голова
[gala'va]

dor de garganta
горло
['gɔrlə]

dor de barriga
живот
[ʒɪ'vɔt]

dor de dentes
зуб
[zup]

Estou com tonturas.
У меня кружится голова.
[u me'ɲa krʊʒiʦa gala'va]

Ele está com febre.
У него температура.
[u ne'vɔ tempera'tʊra]

Ela está com febre.
У неё температура.
[u ne'ɔ tempera'tʊra]

Não consigo respirar.
Я не могу дышать.
[ja ne ma'gʊ dɪ'ʃʌtʲ]

Estou a sufocar.
Я задыхаюсь.
[ja zadɪ'haʲʊsʲ]

Sou asmático /asmática/.
Я астматик.
[ja ast'matik]

Sou diabético /diabética/.
Я диабетик.
[ja dia'betik]

Estou com insónia.	**У меня бессонница.** [u me'ɲa bes'sɔnitsa]
intoxicação alimentar	**пищевое отравление** [piɕe'vɔe atrav'lenie]

Dói aqui.	**Болит вот здесь.** [ba'lit vɔt zdesʲ]
Ajude-me!	**Помогите!** [pama'gite!]
Estou aqui!	**Я здесь!** [ja zdesʲ!]
Estamos aqui!	**Мы здесь!** [mı zdesʲ!]
Tirem-me daqui!	**Вытащите меня!** ['vıtaɕite me'ɲa!]
Preciso de um médico.	**Мне нужен врач.** [mne 'nʊʒən vratʃ]
Não me consigo mexer.	**Я не могу двигаться.** [ja ne ma'gʊ 'dvigatsa]
Não consigo mover as pernas.	**Я не чувствую ног.** [ja ne 'tʃustvʊʲʉ nɔk]

Estou ferido.	**Я ранен /ранена/.** [ja 'ranen /'ranena/]
É grave?	**Это серьезно?** ['ɛtə se'rʲjozno?]
Tenho os documentos no bolso.	**Мои документы в кармане.** [ma'i dakʊ'mentı v kar'mane]
Acalme-se!	**Успокойтесь!** [uspa'kɔjtesʲ!]
Posso telefonar?	**Могу я позвонить?** [ma'gʊ ja pazva'nitʲ?]

Chame uma ambulância!	**Вызовите скорую!** [vızawite 'skɔrʊʲʉ!]
É urgente!	**Это срочно!** ['ɛtə 'srɔtʃnə!]
É uma emergência!	**Это очень срочно!** ['ɛtə 'ɔtʃenʲ 'srɔtʃnə!]
Mais depressa, por favor!	**Пожалуйста, быстрее!** [pa'ʒaləstə, bıst'ree!]
Chame o médico, por favor.	**Вызовите врача, пожалуйста.** [vızawite vra'tʃa, pa'ʒaləstə]
Onde fica o hospital?	**Скажите, где больница?** [ska'ʒite, gde balʲ'nitsa?]

Como se sente?	**Как вы себя чувствуете?** [kak vı se'bʲa 'tʃustvʊete?]
Está tudo bem consigo?	**С вами все в порядке?** [s 'vami vsʲo v pa'rʲatke?]
O que é que aconteceu?	**Что случилось?** [ʃtɔ slu'tʃiləsʲ?]

Já me sinto melhor.

Мне уже лучше.
[mne u'ʒe 'lutʃɛ]

Está tudo em ordem.

Всё в порядке.
[vsʲo v pa'rʲatke]

Tubo bem.

Всё хорошо.
[vsʲo hara'ʃɔ]

Na farmácia

farmácia
Аптека
[ap'teka]

farmácia de serviço
круглосуточная аптека
[krʊgla'sʊtətʃnəja ap'teka]

Onde fica a farmácia mais próxima?
Где ближайшая аптека?
[gde bli'ʒajʃəja ap'teka?]

Está aberto agora?
Она сейчас открыта?
[a'na se'tʃas atk'rɪta?]

A que horas abre?
Во сколько она открывается?
[va 'skɔlʲkə a'na atkrɪ'vaetsa?]

A que horas fecha?
До которого часа она работает?
[dɔ ka'tɔrəvə 'tʃasa a'na ra'bɔtaet?]

Fica longe?
Это далеко?
['ɛtə dale'kɔ?]

Posso ir até lá a pé?
Я дойду туда пешком?
[ja daj'dʊ tʊ'da peʃ'kɔm?]

Pode-me mostrar no mapa?
Покажите мне на карте, пожалуйста.
[paka'ʒite mne na 'karte, pa'ʒaləstə]

Por favor dê-me algo para ...
Дайте мне, что-нибудь от ...
['dajte mne, ʃtɔ ni'bʊtʲ ɔt ...]

as dores de cabeça
головной боли
[galav'nɔj 'bɔli]

a tosse
кашля
['kaʃʎa]

o resfriado
простуды
[pras'tʊdɪ]

a gripe
гриппа
['gripa]

---

a febre
температуры
[tempera'tʊrɪ]

uma dor de estômago
боли в желудке
['bɔli v ʒi'lutke]

as náuseas
тошноты
[taʃna'tɪ]

a diarreia
диареи
[dia'rei]

a constipação
запора
[za'pɔra]

as dores nas costas
боль в спине
[bɔlʲ v spi'ne]

as dores no peito	**боль в груди**
	['bɔlʲ v grʊ'di]
a sutura	**боль в боку**
	[bɔlʲ v ba'kʊ]
as dores abdominais	**боль в животе**
	['bɔlʲ v ʒiva'te]

comprimido	**таблетка**
	[tab'letka]
unguento, creme	**мазь, крем**
	[mazʲ, krem]
charope	**сироп**
	[si'rɔp]
spray	**спрей**
	[sprɛj]
dropes	**капли**
	['kapli]

Você precisa de ir ao hospital.	**Вам нужно в больницу.**
	[vam 'nʊʒnə v balʲ'nitsu]
seguro de saúde	**страховка**
	[stra'hɔvka]
prescrição	**рецепт**
	[re'tsept]
repelente de insetos	**средство от насекомых**
	['sredstvə at nase'kɔmɪh]
penso rápido	**лейкопластырь**
	[lejkə'plastɪrʲ]

O mínimo

Desculpe, ...	**Извините, ...** [izwi'nite, ...]
Olá!	**Здравствуйте.** ['zdrastvʊjte]
Obrigado /Obrigada/.	**Спасибо.** [spa'sibə]
Adeus.	**До свидания.** [da swi'danija]
Sim.	**Да.** [da]
Não.	**Нет.** [net]
Não sei.	**Я не знаю.** [ja ne 'znaʲʉ]
Onde? | Para onde? | Quando?	**Где? | Куда? | Когда?** [gde? | kʊ'da? | kag'da?]

Preciso de ...	**Мне нужен ...** [mne 'nʊʒən ...]
Eu queria ...	**Я хочу ...** [ja ha'ʧu ...]
Tem ...?	**У вас есть ...?** [u vas estʲ ...?]
Há aqui ...?	**Здесь есть ...?** [zdesʲ estʲ ...?]
Posso ...?	**Я могу ...?** [ja ma'gʊ ...?]
..., por favor	**пожалуйста** [pa'ʒaləstə]

Estou à procura de ...	**Я ищу ...** [ja i'ɕu ...]
casa de banho	**туалет** [tʊa'let]
Multibanco	**банкомат** [banka'mat]
farmácia	**аптеку** [ap'tekʊ]
hospital	**больницу** [balʲ'niʦu]
esquadra de polícia	**полицейский участок** [pali'ʦɛjskij u'ʧastək]
metro	**метро** [met'rɔ]

táxi	**такси** [tak'si]
estação de comboio	**вокзал** [vak'zal]

Chamo-me ...	**Меня зовут ...** [mi'ɲa za'vʊt ...]
Como se chama?	**Как вас зовут?** [kak vas za'vʊt?]
Pode-me dar uma ajuda?	**Помогите мне, пожалуйста.** [pama'gite mne, pa'ʒaləstə]
Tenho um problema.	**У меня проблема.** [u me'ɲa prab'lema]
Não me sinto bem.	**Мне плохо.** [mne 'plɔhə]
Chame a ambulância!	**Вызовите скорую!** [vɪzawite 'skɔrʊʲʉ!]
Posso fazer uma chamada?	**Могу я позвонить?** [ma'gʊ ja pazva'nitʲ?]

Desculpe.	**Извините.** [izwi'nite]
De nada.	**Пожалуйста.** [pa'ʒaləstə]

eu	**я** [ja]
tu	**ты** [tɪ]
ele	**он** [ɔn]
ela	**она** [a'na]
eles	**они** [a'ni]
elas	**они** [a'ni]
nós	**мы** [mɪ]
vocês	**вы** [vɪ]
você	**Вы** [vɪ]

ENTRADA	**ВХОД** [vhɔt]
SAÍDA	**ВЫХОД** ['vɪhət]
FORA DE SERVIÇO	**НЕ РАБОТАЕТ** [ne ra'bɔtaet]
FECHADO	**ЗАКРЫТО** [zak'rɪtə]

ABERTO

ОТКРЫТО
[atk'rɪtə]

PARA SENHORAS

ДЛЯ ЖЕНЩИН
[dʎa 'ʒɛnɕin]

PARA HOMENS

ДЛЯ МУЖЧИН
[dʎa mʊ'ɕin]

VOCABULÁRIO TÓPICO

Esta secção contém mais de 3.000 das palavras mais importantes.
O dicionário fornecerá uma ajuda inestimável ao viajar para o estrangeiro, porque frequentemente o uso de palavras individuais é suficiente para ser compreendido. O dicionário inclui uma transcrição conveniente de cada palavra estrangeira

CONTEÚDO DO DICIONÁRIO

T&P Books Publishing

T&P BOOKS

CONCEITOS BÁSICOS

T&P Books Publishing

1. Pronomes

eu	**я**	[ja]
tu	**ты**	[tı]
ele	**он**	[ɔn]
ela	**она**	[a'na]
ele, ela	**оно**	[a'nɔ]
nós	**мы**	[mı]
vocês	**вы**	[vı]
eles, -as	**они**	[a'ni]

2. Cumprimentos. Saudações

Olá!	**Здравствуй!**	[zd'rastvʊj]
Bom dia! (formal)	**Здравствуйте!**	[zd'rastvʊjte]
Bom dia! (de manhã)	**Доброе утро!**	['dɔbrae 'utra]
Boa tarde!	**Добрый день!**	['dɔbrıj deɲ]
Boa noite!	**Добрый вечер!**	['dɔbrıj 'weʧer]
cumprimentar (vt)	**здороваться**	[zda'rɔvaʦə]
Olá!	**Привет!**	[pri'wet]
saudação (f)	**привет** (м)	[pri'wet]
saudar (vt)	**приветствовать**	[pri'weʦtvavatʲ]
Como vai?	**Как у вас дела?**	[kak u vas di'la]
Como vais?	**Как дела?**	[kak di'la]
O que há de novo?	**Что нового?**	[ʃta 'nɔvava]
Até à vista!	**До свидания!**	[da swi'danija]
Até breve!	**До скорой встречи!**	[da s'kɔraj fst'reʧi]
Adeus! (sing.)	**Прощай!**	[pra'ɕaj]
Adeus! (pl)	**Прощайте!**	[pra'ɕajte]
despedir-se (vp)	**прощаться**	[pra'ɕaʦə]
Até logo!	**Пока!**	[pa'ka]
Obrigado! -a!	**Спасибо!**	[spa'siba]
Muito obrigado! -a!	**Большое спасибо!**	[baʎ'ʃɔe spa'siba]
De nada	**Пожалуйста**	[pa'ʒalujstə]
Não tem de quê	**Не стоит благодарности.**	[ni s'tɔit blaga'darnasti]
De nada	**Не за что**	['ne za ʃtə]
Desculpa!	**Извини!**	[izwi'ni]
Desculpe!	**Извините!**	[izwi'nite]

desculpar (vt)	**извинять**	[izwi'ɲatʲ]
desculpar-se (vp)	**извиняться**	[izwi'ɲatsə]
As minhas desculpas	**Мои извинения**	[ma'i izwi'nenie]
Desculpe!	**Простите!**	[pras'tite]
perdoar (vt)	**прощать**	[pra'ɕatʲ]
Não faz mal	**Ничего страшного**	[nitʃi'vɔ st'raʃnavə]
por favor	**пожалуйста**	[pa'ʒalujstə]
Não se esqueça!	**Не забудьте!**	[ni za'bʊtʲte]
Certamente! Claro!	**Конечно!**	[ka'neʃna]
Claro que não!	**Конечно нет!**	[ka'neʃna 'net]
De acordo!	**Согласен!**	[sag'lasen]
Basta!	**Хватит!**	[h'vatit]

3. Questões

Quem?	**Кто?**	[ktɔ]
Que?	**Что?**	[ʃtɔ]
Onde?	**Где?**	[gde]
Para onde?	**Куда?**	[kʊ'da]
De onde?	**Откуда?**	[at'kʊda]
Quando?	**Когда?**	[kag'da]
Para quê?	**Зачем?**	[za'tʃem]
Porquê?	**Почему?**	[patʃe'mʊ]
Para quê?	**Для чего?**	[dʎa tʃe'vɔ]
Como?	**Как?**	[kak]
Qual?	**Какой?**	[ka'kɔj]
Qual?	**Который?**	[ka'tɔrɪj]
A quem?	**Кому?**	[ka'mʊ]
Sobre quem?	**О ком?**	[a 'kɔm]
Do quê?	**О чём?**	[a 'tʃɔm]
Com quem?	**С кем?**	[s kem]
Quanto, -os, -as?	**Сколько?**	[s'kɔʎka]
De quem? (masc.)	**Чей?**	[tʃej]
De quem é? (fem.)	**Чья?**	[tʃja]
De quem são? (pl)	**Чьи?**	[tʃʲi]

4. Preposições

com (prep.)	**с**	[s]
sem (prep.)	**без**	[bes]
a, para (exprime lugar)	**в**	[v]
sobre (ex. falar ~)	**о**	[ɔ]
antes de ...	**перед**	['peret]
diante de ...	**перед**	['peret]

sob (debaixo de)	**под**	[pɔt]
sobre (em cima de)	**над**	[nɑt]
sobre (~ a mesa)	**на**	[nə]
de (vir ~ Lisboa)	**из**	[is]
de (feito ~ pedra)	**из**	[is]
dentro de (~ dez minutos)	**через**	['ʧeres]
por cima de ...	**через**	['ʧeres]

5. Palavras funcionais. Advérbios. Parte 1

Onde?	**Где?**	[gde]
aqui	**здесь**	[zdesʲ]
lá, ali	**там**	[tɑm]
em algum lugar	**где-то**	[g'de tə]
em lugar nenhum	**нигде**	[nig'de]
ao pé de ...	**у, около**	[u], ['ɔkalə]
ao pé da janela	**у окна**	[u ɑk'nɑ]
Para onde?	**Куда?**	[kʊ'dɑ]
para cá	**сюда**	[sy'dɑ]
para lá	**туда**	[tʊ'dɑ]
daqui	**отсюда**	[ɑ'ʦydə]
de lá, dali	**оттуда**	[ɑt'tʊdə]
perto	**близко**	[b'liskə]
longe	**далеко**	[dɑli'kɔ]
perto de ...	**около**	['ɔkalə]
ao lado de	**рядом**	['rʲadɑm]
perto, não fica longe	**недалеко**	[nidɑli'kɔ]
esquerdo	**левый**	['levɪj]
à esquerda	**слева**	[s'levə]
para esquerda	**налево**	[nɑ'levə]
direito	**правый**	[p'rɑvɪj]
à direita	**справа**	[sp'rɑvə]
para direita	**направо**	[nɑp'rɑvə]
à frente	**спереди**	[s'peredi]
da frente	**передний**	[pi'rednij]
em frente (para a frente)	**вперёд**	[fpi'rɜt]
atrás de ...	**сзади**	[z'zɑdi]
por detrás (vir ~)	**сзади**	[z'zɑdi]
para trás	**назад**	[nɑ'zɑt]
meio (m), metade (f)	**середина** (ж)	[sire'dinə]

no meio	посередине	[pɑseri'dine]
de lado	сбоку	[z'bokʊ]
em todo lugar	везде	[wez'de]
ao redor (olhar ~)	вокруг	[vɑk'rʊk]
de dentro	изнутри	[iznʊt'ri]
para algum lugar	куда-то	[kʊ'dɑ tə]
diretamente	напрямик	[nɑpri'mik]
de volta	обратно	[ɑb'rɑtnə]
de algum lugar	откуда-нибудь	[ɑt'kʊdɑ ni'bʊtʲ]
de um lugar	откуда-то	[ɑt'kʊdɑ tə]
em primeiro lugar	во-первых	[vɑ'pervɪh]
em segundo lugar	во-вторых	[vɑftɑ'rɪh]
em terceiro lugar	в-третьих	[ft'retih]
de repente	вдруг	[vdrʊk]
no início	вначале	[vnɑ'tʃale]
pela primeira vez	впервые	[fpir'vɪe]
muito antes de ...	задолго до ...	[zɑ'dɔlgɑ dɑ]
de novo, novamente	заново	['zɑnɑvə]
para sempre	насовсем	[nɑsɑf'sem]
nunca	никогда	[nikɑg'dɑ]
de novo	опять	[ɑ'pʲatʲ]
agora	теперь	[ti'perʲ]
frequentemente	часто	['tʃastə]
então	тогда	[tɑg'dɑ]
urgentemente	срочно	[s'rɔtʃnə]
usualmente	обычно	[ɑ'bɪtʃnə]
a propósito, ...	кстати, ...	[ks'tɑti]
é possível	возможно	[vɑz'mɔʒnə]
provavelmente	вероятно	[wirɑ'jatnə]
talvez	может быть	['mɔʒɛt 'bɪtʲ]
além disso, ...	кроме того, ...	[k'rɔme tɑ'vɔ]
por isso ...	поэтому ...	[pɑ'ɛtɑmʊ]
apesar de ...	несмотря на ...	[nismɑt'rʲa nɑ]
graças a ...	благодаря ...	[blɑgɑdɑ'rʲa]
que (pron.)	что	[ʃtɔ]
que (conj.)	что	[ʃtɔ]
algo	что-то	[ʃ'tɔ tə]
alguma coisa	что-нибудь	[ʃtɔ ni'bʊtʲ]
nada	ничего	[nitʃi'vɔ]
quem	кто	[ktɔ]
alguém	кто-то	[k'tɔ tə]
(~ teve uma ideia ...)		
alguém	кто-нибудь	[k'tɔ ni'bʊtʲ]
ninguém	никто	[nik'tɔ]

para lugar nenhum	**никуда**	[nikʊ'da]
de ninguém	**ничей**	[ni'ʧej]
de alguém	**чей-нибудь**	[ʧej ni'bʊtʲ]
tão	**так**	[tak]
também (gostaria ~ de ...)	**также**	['takʒɛ]
também (~ eu)	**тоже**	['tɔʒɛ]

6. Palavras funcionais. Advérbios. Parte 2

Porquê?	**Почему?**	[paʧe'mʊ]
por alguma razão	**почему-то**	[paʧe'mʊ tə]
porque ...	**потому, что ...**	[pata'mʊʃta]
por qualquer razão	**зачем-то**	[za'ʧemtə]
e (tu ~ eu)	**и**	[i]
ou (ser ~ não ser)	**или**	['ili]
mas (porém)	**но**	[nɔ]
para (~ a minha mãe)	**для**	[dʎa]
demasiado, muito	**слишком**	[s'liʃkam]
só, somente	**только**	['tɔʎkə]
exatamente	**точно**	['tɔʧnə]
cerca de (~ 10 kg)	**около**	['ɔkalə]
aproximadamente	**приблизительно**	[pribli'ziteʎnə]
aproximado	**приблизительный**	[pribli'ziteʎnɪj]
quase	**почти**	[paʧ'ti]
resto (m)	**остальное** (c)	[astaʎ'nɔe]
cada	**каждый**	['kaʒdɪj]
qualquer	**любой**	[ly'bɔj]
muito	**много**	[m'nɔgə]
muitas pessoas	**многие**	[m'nɔgie]
todos	**все**	[fse]
em troca de ...	**в обмен на ...**	[v ab'men na]
em troca	**взамен**	[vza'men]
à mão	**вручную**	[vrʊʧ'nʊju]
pouco provável	**вряд ли**	[v'rʲatli]
provavelmente	**наверное**	[na'wernae]
de propósito	**нарочно**	[na'rɔʃnə]
por acidente	**случайно**	[slu'ʧajnə]
muito	**очень**	['ɔʧeɲ]
por exemplo	**например**	[napri'mer]
entre	**между**	['meʒdʊ]
entre (no meio de)	**среди**	[sre'di]
tanto	**столько**	[s'tɔʎkə]
especialmente	**особенно**	[a'sɔbennə]

NÚMEROS. DIVERSOS

T&P Books Publishing

7. Números cardinais. Parte 1

zero	**ноль**	[nɔʎ]
um	**один**	[ɑ'din]
dois	**два**	[dvə]
três	**три**	[tri]
quatro	**четыре**	[ʧi'tɪre]
cinco	**пять**	[pʲatʲ]
seis	**шесть**	[ʃəstʲ]
sete	**семь**	[semʲ]
oito	**восемь**	['vɔsemʲ]
nove	**девять**	['dewitʲ]
dez	**десять**	['desitʲ]
onze	**одиннадцать**	[ɑ'dinɑʦatʲ]
doze	**двенадцать**	[dwi'nɑʦatʲ]
treze	**тринадцать**	[tri'nɑʦatʲ]
catorze	**четырнадцать**	[ʧi'tɪrnɑʦatʲ]
quinze	**пятнадцать**	[pit'nɑʦatʲ]
dezasseis	**шестнадцать**	[ʃɛs'nɑʦatʲ]
dezassete	**семнадцать**	[sim'nɑʦatʲ]
dezoito	**восемнадцать**	[vɑsem'nɑʦatʲ]
dezanove	**девятнадцать**	[diwit'nɑʦatʲ]
vinte	**двадцать**	[d'vɑʦatʲ]
vinte e um	**двадцать один**	[d'vɑʦatʲ ɑ'din]
vinte e dois	**двадцать два**	[d'vɑʦatʲ d'vɑ]
vinte e três	**двадцать три**	[d'vɑʦatʲ t'ri]
trinta	**тридцать**	[t'riʦatʲ]
trinta e um	**тридцать один**	[t'riʦatʲ ɑ'din]
trinta e dois	**тридцать два**	[t'riʦatʲ d'vɑ]
trinta e três	**тридцать три**	[t'riʦatʲ t'ri]
quarenta	**сорок**	['sɔrɑk]
quarenta e um	**сорок один**	['sɔrɑk ɑ'din]
quarenta e dois	**сорок два**	['sɔrɑk d'vɑ]
quarenta e três	**сорок три**	['sɔrɑk t'ri]
cinquenta	**пятьдесят**	[pitʲdi'sʲat]
cinquenta e um	**пятьдесят один**	[pitʲdi'sʲat ɑ'din]
cinquenta e dois	**пятьдесят два**	[pitʲdi'sʲat d'vɑ]
cinquenta e três	**пятьдесят три**	[pitʲdi'sʲat t'ri]
sessenta	**шестьдесят**	[ʃistʲdi'sʲat]

sessenta e um	**шестьдесят один**	[ʃəstʲdiˈsʲat ɑˈdin]
sessenta e dois	**шестьдесят два**	[ʃəstʲdiˈsʲat dˈvɑ]
sessenta e três	**шестьдесят три**	[ʃəstʲdiˈsʲat tˈri]
setenta	**семьдесят**	[ˈsemʲdisit]
setenta e um	**семьдесят один**	[ˈsemʲdisit ɑˈdin]
setenta e dois	**семьдесят два**	[ˈsemʲdisit dˈvɑ]
setenta e três	**семьдесят три**	[ˈsemʲdisit tˈri]
oitenta	**восемьдесят**	[ˈvɔsemʲdisit]
oitenta e um	**восемьдесят один**	[ˈvɔsemʲdisit ɑˈdin]
oitenta e dois	**восемьдесят два**	[ˈvɔsemʲdisit dˈvɑ]
oitenta e três	**восемьдесят три**	[ˈvɔsemʲdisit tˈri]
noventa	**девяносто**	[diwiˈnɔstə]
noventa e um	**девяносто один**	[diwiˈnɔstɑ ɑˈdin]
noventa e dois	**девяносто два**	[diwiˈnɔstɑ dˈvɑ]
noventa e três	**девяносто три**	[diwiˈnɔstɑ tˈri]

8. Números cardinais. Parte 2

cem	**сто**	[stɔ]
duzentos	**двести**	[dˈwesti]
trezentos	**триста**	[tˈristə]
quatrocentos	**четыреста**	[ʧiˈtɪrestə]
quinhentos	**пятьсот**	[piˈʦɔt]
seiscentos	**шестьсот**	[ʃɛsˈsɔt]
setecentos	**семьсот**	[simʲˈsɔt]
oitocentos	**восемьсот**	[vɑsemʲˈsɔt]
novecentos	**девятьсот**	[diwiˈʦɔt]
mil	**тысяча**	[ˈtɪsiʧə]
dois mil	**две тысячи**	[dwe ˈtɪsiʧi]
três mil	**три тысячи**	[tri ˈtɪsiʧi]
dez mil	**десять тысяч**	[ˈdesitʲ ˈtɪsiʧ]
cem mil	**сто тысяч**	[stɔ ˈtɪsiʧ]
um milhão	**миллион** (м)	[miliˈɔn]
mil milhões	**миллиард** (м)	[miliˈɑrt]

9. Números ordinais

primeiro	**первый**	[ˈpervɪj]
segundo	**второй**	[ftɑˈrɔj]
terceiro	**третий**	[tˈretij]
quarto	**четвёртый**	[ʧitˈwɜrtɪj]
quinto	**пятый**	[ˈpʲatɪj]
sexto	**шестой**	[ʃɛsˈtɔj]

sétimo	**седьмой**	[sidʲ'mɔj]
oitavo	**восьмой**	[vɑsʲ'mɔj]
nono	**девятый**	[di'vʲatɪj]
décimo	**десятый**	[di'sʲatɪj]

CORES.
UNIDADES DE MEDIDA

T&P Books Publishing

10. Cores

cor (f)	**цвет** (м)	[ʦwet]
matiz (m)	**оттенок** (м)	[at'tenak]
tom (m)	**тон** (м)	[tɔn]
arco-íris (m)	**радуга** (ж)	['radʊgə]
branco	**белый**	['belıj]
preto	**чёрный**	['ʧɔrnıj]
cinzento	**серый**	['serıj]
verde	**зелёный**	[ze'lɜnıj]
amarelo	**жёлтый**	['ʒɔltıj]
vermelho	**красный**	[k'rasnıj]
azul	**синий**	['sinij]
azul claro	**голубой**	[galu'bɔj]
rosa	**розовый**	['rɔzavıj]
laranja	**оранжевый**	[a'ranʒıvıj]
violeta	**фиолетовый**	[fia'letavıj]
castanho	**коричневый**	[ka'riʧnevıj]
dourado	**золотой**	[zala'tɔj]
prateado	**серебристый**	[sireb'ristıj]
bege	**бежевый**	['beʒıvıj]
creme	**кремовый**	[k'remavıj]
turquesa	**бирюзовый**	[biry'zɔvıj]
vermelho cereja	**вишнёвый**	[wiʃ'nɜvıj]
lilás	**лиловый**	[li'lɔvıj]
carmesim	**малиновый**	[ma'linavıj]
claro	**светлый**	[s'wetlıj]
escuro	**тёмный**	['tɜmnıj]
vivo	**яркий**	['jarkij]
de cor	**цветной**	[ʦwit'nɔj]
a cores	**цветной**	[ʦwit'nɔj]
preto e branco	**чёрно-белый**	['ʧɔrna 'belıj]
unicolor	**одноцветный**	[adnaʦ'wetnıj]
multicor	**разноцветный**	[raznaʦ'wetnıj]

11. Unidades de medida

peso (m)	**вес** (м)	[wes]
comprimento (m)	**длина** (ж)	[dli'na]

largura (f)	**ширина** (ж)	[ʃɪri'nɑ]
altura (f)	**высота** (ж)	[vɪsɑ'tɑ]
profundidade (f)	**глубина** (ж)	[glubi'nɑ]
volume (m)	**объём** (м)	[ɑbʰɜm]
área (f)	**площадь** (ж)	[p'lɔɕatʲ]
grama (m)	**грамм** (м)	[grɑm]
miligrama (m)	**миллиграмм** (м)	[milig'rɑm]
quilograma (m)	**килограмм** (м)	[kilɑg'rɑm]
tonelada (f)	**тонна** (ж)	['tɔnnə]
libra (453,6 gramas)	**фунт** (м)	[fʊnt]
onça (f)	**унция** (ж)	['unʦɪja]
metro (m)	**метр** (м)	[metr]
milímetro (m)	**миллиметр** (м)	[mili'metr]
centímetro (m)	**сантиметр** (м)	[sɑnti'metr]
quilómetro (m)	**километр** (м)	[kilɑ'metr]
milha (f)	**миля** (ж)	['miʎa]
polegada (f)	**дюйм** (м)	[dyjm]
pé (304,74 mm)	**фут** (м)	[fʊt]
jarda (914,383 mm)	**ярд** (м)	['jart]
metro (m) quadrado	**квадратный метр** (м)	[kvɑd'rɑtnɪj metr]
hectare (m)	**гектар** (м)	[gik'tɑr]
litro (m)	**литр** (м)	[litr]
grau (m)	**градус** (м)	[g'rɑdʊs]
volt (m)	**вольт** (м)	[vɔʎt]
ampere (m)	**ампер** (м)	[ɑm'per]
cavalo-vapor (m)	**лошадиная сила** (ж)	[lɑʃʌ'dinɑja 'silə]
quantidade (f)	**количество** (с)	[kɑ'litʃestvə]
um pouco de ...	**немного ...**	[nim'nɔgɑ]
metade (f)	**половина** (ж)	[pɑlɑ'winə]
dúzia (f)	**дюжина** (ж)	['dyʒɪnə]
peça (f)	**штука** (ж)	[ʃ'tʊkə]
dimensão (f)	**размер** (м)	[rɑz'mer]
escala (f)	**масштаб** (м)	[mɑʃ'tɑp]
mínimo	**минимальный**	[mini'mɑʎnɪj]
menor, mais pequeno	**наименьший**	[nɑi'meɲʃij]
médio	**средний**	[s'rednij]
máximo	**максимальный**	[mɑksi'mɑʎnɪj]
maior, mais grande	**наибольший**	[nɑi'bɔʎʃij]

12. Recipientes

boião (m) de vidro	**банка** (ж)	['bɑnkə]
lata (~ de cerveja)	**банка** (ж)	['bɑnkə]

balde (m)	**ведро** (с)	[wid'rɔ]
barril (m)	**бочка** (ж)	['bɔʧkə]
bacia (~ de plástico)	**таз** (м)	[tɑs]
tanque (m)	**бак** (м)	[bɑk]
cantil (m) de bolso	**фляжка** (ж)	[f'ʎaʃkə]
bidão (m) de gasolina	**канистра** (ж)	[kɑ'nistrə]
cisterna (f)	**цистерна** (ж)	[ʦɪs'ternə]
caneca (f)	**кружка** (ж)	[k'rʊʃkə]
chávena (f)	**чашка** (ж)	['ʧaʃkə]
pires (m)	**блюдце** (с)	[b'lyʦe]
copo (m)	**стакан** (м)	[stɑ'kɑn]
taça (m) de vinho	**бокал** (м)	[bɑ'kɑl]
panela (f)	**кастрюля** (ж)	[kɑst'ryʎa]
garrafa (f)	**бутылка** (ж)	[bʊ'tɪlkə]
gargalo (m)	**горлышко** (с)	['gɔrlɪʃkə]
jarro, garrafa (f)	**графин** (м)	[grɑ'fin]
jarro (m) de barro	**кувшин** (м)	[kʊf'ʃin]
recipiente (m)	**сосуд** (м)	[sɑ'sʊt]
pote (m)	**горшок** (м)	[gɑr'ʃɔk]
vaso (m)	**ваза** (ж)	['vɑzə]
frasco (~ de perfume)	**флакон** (м)	[flɑ'kɔn]
frasquinho (ex. ~ de iodo)	**пузырёк** (м)	[pʊzɪ'rɜk]
tubo (~ de pasta dentífrica)	**тюбик** (м)	['tybik]
saca (ex. ~ de açúcar)	**мешок** (м)	[mi'ʃɔk]
saco (~ de plástico)	**пакет** (м)	[pɑ'ket]
maço (m)	**пачка** (ж)	['pɑʧkə]
caixa (~ de sapatos, etc.)	**коробка** (ж)	[kɑ'rɔpkə]
caixa (~ de madeira)	**ящик** (м)	['jaɕik]
cesta (f)	**корзина** (ж)	[kɑr'zinə]

T&P BOOKS

VERBOS PRINCIPAIS

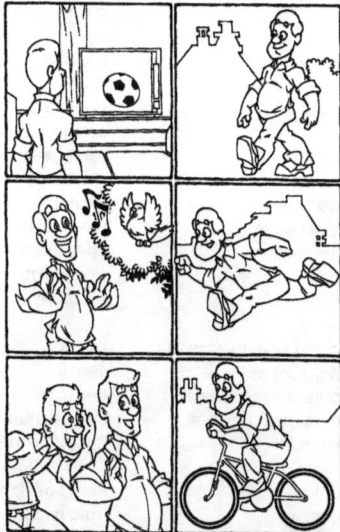

T&P Books Publishing

13. Os verbos mais importantes. Parte 1

abrir (vt)	**открывать**	[atkrɪ'vatʲ]
acabar, terminar (vt)	**заканчивать**	[za'kaɲʧivatʲ]
aconselhar (vt)	**советовать**	[sa'wetavatʲ]
adivinhar (vt)	**отгадать**	[atga'datʲ]
advertir (vt)	**предупреждать**	[pridʊpreʒ'datʲ]
ajudar (vt)	**помогать**	[pama'gatʲ]
almoçar (vi)	**обедать**	[a'bedatʲ]
alugar (~ um apartamento)	**снимать**	[sni'matʲ]
amar (vt)	**любить**	[ly'bitʲ]
ameaçar (vt)	**угрожать**	[ugra'ʒatʲ]
anotar (escrever)	**записывать**	[za'pisɪvatʲ]
apanhar (vt)	**ловить**	[la'witʲ]
arrepender-se (vp)	**сожалеть**	[saʒi'letʲ]
assinar (vt)	**подписывать**	[pat'pisɪvatʲ]
atirar, disparar (vi)	**стрелять**	[stri'ʎatʲ]
banhar-se (vp)	**купаться**	[kʊ'paʦə]
brincar (vi)	**шутить**	[ʃʊ'titʲ]
brincar, jogar (crianças)	**играть**	[ig'ratʲ]
buscar (vt)	**искать …**	[is'katʲ]
caçar (vi)	**охотиться**	[a'hɔtiʦə]
cair (vi)	**падать**	['padatʲ]
cavar (vt)	**рыть**	[rɪtʲ]
cessar (vt)	**прекращать**	[prikra'ɕatʲ]
chamar (~ por socorro)	**звать**	[zvatʲ]
chegar (vi)	**приезжать**	[prii'ʐatʲ]
chorar (vi)	**плакать**	[p'lakatʲ]
começar (vt)	**начинать**	[naʧi'natʲ]
comparar (vt)	**сравнивать**	[s'ravnivatʲ]
compreender (vt)	**понимать**	[pani'matʲ]
confiar (vt)	**доверять**	[dawe'rʲatʲ]
confundir (equivocar-se)	**путать**	['pʊtatʲ]
conhecer (vt)	**знать**	[znatʲ]
contar (fazer contas)	**считать**	[ɕi'tatʲ]
contar com (esperar)	**рассчитывать на …**	[ra'ɕitɪvatʲ na]
continuar (vt)	**продолжать**	[prada'ɮatʲ]
controlar (vt)	**контролировать**	[kantra'liravatʲ]
convidar (vt)	**приглашать**	[prigla'ʃʌtʲ]

correr (vi)	**бежать**	[bi'ʒatʲ]
criar (vt)	**создать**	[saz'datʲ]
custar (vt)	**стоить**	[s'tɔitʲ]

14. Os verbos mais importantes. Parte 2

dar (vt)	**давать**	[da'vatʲ]
dar uma dica	**подсказать**	[patska'zatʲ]
decorar (enfeitar)	**украшать**	[ukra'ʃʌtʲ]
defender (vt)	**защищать**	[zaɕi'ɕatʲ]
deixar cair (vt)	**ронять**	[ra'ɲatʲ]

descer (para baixo)	**спускаться**	[spʊs'katsə]
desculpar (vt)	**извинять**	[izwi'ɲatʲ]
desculpar-se (vp)	**извиняться**	[izwi'ɲatsə]
dirigir (~ uma empresa)	**руководить**	[rʊkava'ditʲ]
discutir (notícias, etc.)	**обсуждать**	[apsʊʒ'datʲ]

dizer (vt)	**сказать**	[ska'zatʲ]
duvidar (vt)	**сомневаться**	[samni'vatsə]
encontrar (achar)	**находить**	[naha'ditʲ]
enganar (vt)	**обманывать**	[ab'manɪvatʲ]
entrar (na sala, etc.)	**входить**	[fha'ditʲ]

enviar (uma carta)	**отправлять**	[atprav'ʎatʲ]
errar (equivocar-se)	**ошибаться**	[aʃɪ'batsə]
escolher (vt)	**выбирать**	[vɪbi'ratʲ]
esconder (vt)	**прятать**	[p'rʲatatʲ]
escrever (vt)	**писать**	[pi'satʲ]
esperar (o autocarro, etc.)	**ждать**	[ʒdatʲ]

esperar (ter esperança)	**надеяться**	[na'deitsə]
esquecer (vi, vt)	**забывать**	[zabɪ'vatʲ]
estar com pressa	**торопиться**	[tara'pitsə]
estar de acordo	**соглашаться**	[sagla'ʃʌtsə]

estudar (vt)	**изучать**	[izu'ʧatʲ]
exigir (vt)	**требовать**	[t'rebavatʲ]
existir (vi)	**существовать**	[sʊɕestva'vatʲ]
explicar (vt)	**объяснять**	[abʰes'ɲatʲ]

falar (vi)	**говорить**	[gava'ritʲ]
faltar (clases, etc.)	**пропускать**	[prapʊs'katʲ]

fazer (vt)	**делать**	['delatʲ]
ficar em silêncio	**молчать**	[mal'ʧatʲ]
gabar-se, jactar-se (vp)	**хвастаться**	[h'vastatsə]
gostar (apreciar)	**нравиться**	[n'rawitsə]
gritar (vi)	**кричать**	[kri'ʧatʲ]
guardar (cartas, etc.)	**сохранять**	[sahra'ɲatʲ]

15. Os verbos mais importantes. Parte 3

informar (vt)	**информировать**	[infar'miravatʲ]
insistir (vi)	**настаивать**	[nas'taivatʲ]
insultar (vt)	**оскорблять**	[askarb'ʎatʲ]
interessar-se (vp)	**интересоваться**	[intirisa'vatsə]
ir (a pé)	**идти**	[itʲ'ti]
jantar (vi)	**ужинать**	['uʒɪnatʲ]
ler (vt)	**читать**	[ʧi'tatʲ]
libertar (cidade, etc.)	**освобождать**	[asvabaʒ'datʲ]
matar (vt)	**убивать**	[ubi'vatʲ]
mencionar (vt)	**упоминать**	[upami'natʲ]
mostrar (vt)	**показывать**	[pa'kazɪvatʲ]
mudar (modificar)	**изменить**	[izme'nitʲ]
nadar (vi)	**плавать**	[p'lavatʲ]
negar-se (vt)	**отказываться**	[at'kazɪvatsə]
objetar (vt)	**возражать**	[vazra'ʒatʲ]
observar (vt)	**наблюдать**	[nably'datʲ]
ordenar (mil.)	**приказывать**	[pri'kazɪvatʲ]
ouvir (vt)	**слышать**	[s'lɪʃʌtʲ]
pagar (vt)	**платить**	[pla'titʲ]
parar (vi)	**останавливаться**	[asta'navlivatsə]
participar (vi)	**участвовать**	[u'ʧastvavatʲ]
pedir (comida)	**заказывать**	[za'kazɪvatʲ]
pedir (um favor, etc.)	**просить**	[pra'sitʲ]
pegar (tomar)	**брать**	[bratʲ]
pensar (vt)	**думать**	['dʊmatʲ]
perceber (ver)	**замечать**	[zame'ʧatʲ]
perdoar (vt)	**прощать**	[pra'ɕatʲ]
perguntar (vt)	**спрашивать**	[sp'raʃɪvatʲ]
permitir (vt)	**разрешать**	[razre'ʃʌtʲ]
pertencer (vt)	**принадлежать ...**	[prinadle'ʒatʲ]
planear (vt)	**планировать**	[pla'niravatʲ]
poder (v aux)	**мочь**	[mɔʧ]
possuir (vt)	**владеть**	[vla'detʲ]
preferir (vt)	**предпочитать**	[pritpaʧi'tatʲ]
preparar (vt)	**готовить**	[ga'tɔwitʲ]
prever (vt)	**предвидеть**	[prid'widetʲ]
prometer (vt)	**обещать**	[abi'ɕatʲ]
pronunciar (vt)	**произносить**	[praizna'sitʲ]
propor (vt)	**предлагать**	[pridla'gatʲ]
punir, castigar (vt)	**наказывать**	[na'kazɪvatʲ]
quebrar (vt)	**ломать**	[la'matʲ]

| queixar-se (vp) | жаловаться | ['ʒalavatsə] |
| querer (desejar) | хотеть | [ha'tetʲ] |

16. Os verbos mais importantes. Parte 4

recomendar (vt)	рекомендовать	[rikamenda'vatʲ]
repetir (dizer outra vez)	повторять	[pafta'rʲatʲ]
repreender (vt)	ругать	[rʊ'gatʲ]
reservar (~ um quarto)	резервировать	[rezir'wiravatʲ]
responder (vt)	отвечать	[atwe'tʃatʲ]

rezar, orar (vi)	молиться	[ma'litsə]
rir-se (vi)	смеяться	[smi'jatsə]
roubar (vt)	красть	[krastʲ]
sair (~ de casa)	выходить	[vɪha'ditʲ]
salvar (vt)	спасать	[spa'satʲ]

seguir ...	следовать за ...	[s'ledavatʲ za]
sentar-se (vp)	садиться	[sa'ditsə]
ser necessário	требоваться	[t'rebavatsə]
ser, estar	быть	[bɪtʲ]

significar (vt)	означать	[azna'tʃatʲ]
sorrir (vi)	улыбаться	[ulɪ'batsə]
subestimar (vt)	недооценивать	[nidaa'tsenivatʲ]
surpreender-se (vp)	удивляться	[udiv'ʎatsə]
tentar (vt)	пробовать	[p'rɔbavatʲ]

ter (vt)	иметь	[i'metʲ]
ter fome	хотеть есть	[ha'tetʲ 'estʲ]
ter medo	бояться	[ba'jatsə]

ter sede	хотеть пить	[ha'tetʲ 'pitʲ]
tocar (com as mãos)	трогать	[t'rɔgatʲ]
tomar o pequeno-almoço	завтракать	['zaftrakatʲ]
trabalhar (vi)	работать	[ra'bɔtatʲ]
traduzir (vt)	переводить	[pireva'ditʲ]

unir (vt)	объединять	[abʰedi'ɲatʲ]
vender (vt)	продавать	[prada'vatʲ]
ver (vt)	видеть	['widetʲ]
virar (ex. ~ à direita)	поворачивать	[pava'ratʃivatʲ]
voar (vi)	лететь	[li'tetʲ]

TEMPO. CALENDÁRIO

T&P Books Publishing

17. Dias da semana

segunda-feira (f)	**понедельник** (м)	[pani'deʎnik]
terça-feira (f)	**вторник** (м)	[f'tɔrnik]
quarta-feira (f)	**среда** (ж)	[sre'da]
quinta-feira (f)	**четверг** (м)	[ʧit'werk]
sexta-feira (f)	**пятница** (ж)	['pʲatniʦə]
sábado (m)	**суббота** (ж)	[sʊ'bɔtə]
domingo (m)	**воскресенье** (с)	[vaskri'seɲje]
hoje	**сегодня**	[si'vɔdɲa]
amanhã	**завтра**	['zaftrə]
depois de amanhã	**послезавтра**	[pasle'zaftrə]
ontem	**вчера**	[fʧi'ra]
anteontem	**позавчера**	[pazafʧe'ra]
dia (m)	**день** (м)	[deɲ]
dia (m) de trabalho	**рабочий день** (м)	[ra'bɔʧij deɲ]
feriado (m)	**праздник** (м)	[p'raznik]
dia (m) de folga	**выходной день** (м)	[vɪhad'nɔj deɲ]
fim (m) de semana	**выходные** (мн)	[vɪhad'nɪe]
o dia todo	**весь день**	[wesʲ 'deɲ]
no dia seguinte	**на следующий день**	[na sle'dʊɕij deɲ]
há dois dias	**2 дня назад**	[dva dɲa na'zat]
na véspera	**накануне**	[naka'nʊne]
diário	**ежедневный**	[eʒɪd'nevnɪj]
todos os dias	**ежедневно**	[eʒɪd'nevnə]
semana (f)	**неделя** (ж)	[ni'deʎa]
na semana passada	**на прошлой неделе**	[na p'rɔʃlaj ni'dele]
na próxima semana	**на следующей неделе**	[na sle'dʊɕej ni'dele]
semanal	**еженедельный**	[eʒɪni'deʎnɪj]
cada semana	**еженедельно**	[eʒɪni'deʎnə]
duas vezes por semana	**2 раза в неделю**	[dva 'raza v ni'dely]
cada terça-feira	**каждый вторник**	['kaʒdɪj f'tɔrnik]

18. Horas. Dia e noite

manhã (f)	**утро** (с)	['utrə]
de manhã	**утром**	['utram]
meio-dia (m)	**полдень** (м)	['pɔldeɲ]
à tarde	**после обеда**	['pɔsle a'bedə]
noite (f)	**вечер** (м)	['weʧer]

à noite (noitinha)	**вечером**	['wetʃeram]
noite (f)	**ночь** (ж)	[nɔtʃ]
à noite	**ночью**	['nɔtʃjy]
meia-noite (f)	**полночь** (ж)	['pɔlnatʃ]
segundo (m)	**секунда** (ж)	[si'kʊndə]
minuto (m)	**минута** (ж)	[mi'nʊtə]
hora (f)	**час** (м)	[tʃas]
meia hora (f)	**полчаса** (мн)	[paltʃe'sa]
quarto (m) de hora	**четверть** (ж) **часа**	['tʃetwertʲ 'tʃasə]
quinze minutos	**15 минут**	[pit'natsatʲ mi'nʊt]
vinte e quatro horas	**сутки** (мн)	['sʊtki]
nascer (m) do sol	**восход** (м) **солнца**	[vas'hɔt 'sɔntsə]
amanhecer (m)	**рассвет** (м)	[ras'wet]
madrugada (f)	**раннее утро** (с)	['rannie 'utrə]
pôr do sol (m)	**закат** (м)	[za'kat]
de madrugada	**рано утром**	['rana 'utram]
hoje de manhã	**сегодня утром**	[si'vɔdɲa 'utram]
amanhã de manhã	**завтра утром**	['zaftra 'utram]
hoje à tarde	**сегодня днём**	[si'vɔdɲa 'dnɜm]
à tarde	**после обеда**	['pɔsle a'bedə]
amanhã à tarde	**завтра после обеда**	['zaftra 'pɔsle a'bedə]
hoje à noite	**сегодня вечером**	[si'vɔdɲa 'wetʃeram]
amanhã à noite	**завтра вечером**	['zaftra 'wetʃeram]
às três horas em ponto	**ровно в 3 часа**	['rɔvna ftri tʃe'sa]
por volta das quatro	**около 4-х часов**	['ɔkala tʃetɪ'rɜh tʃe'sɔf]
às doze	**к 12-ти часам**	[k dwi'natsati tʃi'sam]
dentro de vinte minutos	**через 20 минут**	['tʃeres d'vatsatʲ mi'nʊt]
dentro duma hora	**через час**	['tʃeres 'tʃas]
a tempo	**вовремя**	['vɔvremʲa]
menos um quarto	**без четверти ...**	[bes 'tʃetwerti]
durante uma hora	**в течение часа**	[f ti'tʃenii 'tʃasə]
a cada quinze minutos	**каждые 15 минут**	['kaʒdɪe pit'natsatʲ mi'nʊt]
as vinte e quatro horas	**круглые сутки**	[k'rʊglɪe 'sʊtki]

19. Meses. Estações

janeiro (m)	**январь** (м)	[en'varʲ]
fevereiro (m)	**февраль** (м)	[fiv'raʎ]
março (m)	**март** (м)	[mart]
abril (m)	**апрель** (м)	[ap'reʎ]
maio (m)	**май** (м)	[maj]
junho (m)	**июнь** (м)	[i'juɲ]

julho (m)	**июль** (м)	[i'juʎ]
agosto (m)	**август** (м)	['avgʊst]
setembro (m)	**сентябрь** (м)	[sin'tʲabrʲ]
outubro (m)	**октябрь** (м)	[ak'tʲabrʲ]
novembro (m)	**ноябрь** (м)	[na'jabrʲ]
dezembro (m)	**декабрь** (м)	[di'kabrʲ]
primavera (f)	**весна** (ж)	[wis'na]
na primavera	**весной**	[wis'nɔj]
primaveril	**весенний**	[wi'sennij]
verão (m)	**лето** (с)	['letə]
no verão	**летом**	['letam]
de verão	**летний**	['letnij]
outono (m)	**осень** (ж)	['ɔseɲ]
no outono	**осенью**	['ɔseɲjy]
outonal	**осенний**	[a'sennij]
inverno (m)	**зима** (ж)	[zi'ma]
no inverno	**зимой**	[zi'mɔj]
de inverno	**зимний**	['zimnij]
mês (m)	**месяц** (м)	['mesits]
este mês	**в этом месяце**	[v 'ɛtam 'mesitsə]
no próximo mês	**в следующем месяце**	[f s'ledʊɕem 'mesitsə]
no mês passado	**в прошлом месяце**	[f p'rɔʃlam 'mesitsə]
há um mês	**месяц назад**	['mesits na'zat]
dentro de um mês	**через месяц**	['ʧeres 'mesits]
dentro de dois meses	**через 2 месяца**	['ʧeres dva 'mesitsə]
todo o mês	**весь месяц**	[wesʲ 'mesits]
um mês inteiro	**целый месяц**	['tselɪj 'mesits]
mensal	**ежемесячный**	[eʒɪ'mesiʧnɪj]
mensalmente	**ежемесячно**	[eʒɪ'mesiʧnə]
cada mês	**каждый месяц**	['kaʒdɪj 'mesits]
duas vezes por mês	**2 раза в месяц**	[dva 'raza v 'mesits]
ano (m)	**год** (м)	[gɔt]
este ano	**в этом году**	[v 'ɛtam ga'dʊ]
no próximo ano	**в следующем году**	[f s'ledʊɕem ga'dʊ]
no ano passado	**в прошлом году**	[f p'rɔʃlam ga'dʊ]
há um ano	**год назад**	[gɔt na'zat]
dentro dum ano	**через год**	['ʧerez 'gɔt]
dentro de 2 anos	**через 2 года**	['ʧeres dva 'gɔdə]
todo o ano	**весь год**	[wesʲ 'gɔt]
um ano inteiro	**целый год**	['tselɪj 'gɔt]
cada ano	**каждый год**	['kaʒdɪj gɔt]
anual	**ежегодный**	[eʒɪ'gɔdnɪj]

anualmente	**ежегодно**	[eʒɪ'gɔdnɔ]
quatro vezes por ano	**4 раза в год**	[tʃi'tɪre 'raza v gɔt]
data (~ de hoje)	**число** (с)	[tʃis'lɔ]
data (ex. ~ de nascimento)	**дата** (ж)	['datə]
calendário (m)	**календарь** (м)	[kalin'darʲ]
meio ano	**полгода**	[pal'gɔdə]
seis meses	**полугодие** (с)	[palu'gɔdie]
estação (f)	**сезон** (м)	[si'zɔn]
século (m)	**век** (м)	[wek]

VIAGENS. HOTEL

USD CAD
EUR CHF
JPY HKD
GBP CNY

RECEPTION

T&P Books Publishing

20. Viagens

turismo (m)	**туризм** (м)	[tʊ'rizm]
turista (m)	**турист** (м)	[tʊ'rist]
viagem (f)	**путешествие** (с)	[pʊte'ʃɛstwie]
aventura (f)	**приключение** (с)	[prikly'ʧenie]
viagem (f)	**поездка** (ж)	[pɑ'eztkə]
férias (f pl)	**отпуск** (м)	['ɔtpʊsk]
estar de férias	**быть в отпуске**	[bɪtʲ v 'ɔtpʊske]
descanso (m)	**отдых** (м)	['ɔddɪh]
comboio (m)	**поезд** (м)	['pɔezt]
de comboio (chegar ~)	**поездом**	['pɔizdɑm]
avião (m)	**самолёт** (м)	[samɑ'lɜt]
de avião	**самолётом**	[samɑ'lɜtam]
de carro	**на автомобиле**	[nɑ aftamɑ'bile]
de navio	**на корабле**	[nɑ karab'le]
bagagem (f)	**багаж** (м)	[bɑ'gɑʃ]
mala (f)	**чемодан** (м)	[ʧimɑ'dɑn]
carrinho (m)	**тележка** (ж) **для багажа**	[ti'leʃkɑ dʎa bagɑ'ʒɑ]
passaporte (m)	**паспорт** (м)	['pɑspɑrt]
visto (m)	**виза** (ж)	['wizə]
bilhete (m)	**билет** (м)	[bi'let]
bilhete (m) de avião	**авиабилет** (м)	[ɑwiɑbi'let]
guia (m) de viagem	**путеводитель** (м)	[pʊtevɑ'diteʎ]
mapa (m)	**карта** (ж)	['kɑrtə]
local (m), area (f)	**местность** (ж)	['mesnɑstʲ]
lugar, sítio (m)	**место** (с)	['mestə]
exotismo (m)	**экзотика** (ж)	[ɛk'zɔtikə]
exótico	**экзотический**	[ɛkzɑ'tiʧeskij]
surpreendente	**удивительный**	[udi'witeʎnɪj]
grupo (m)	**группа** (ж)	[g'rʊpə]
excursão (f)	**экскурсия** (ж)	[ɛks'kʊrsija]
guia (m)	**экскурсовод** (м)	[ɛkskʊrsɑ'vɔt]

21. Hotel

hotel (m)	**гостиница** (ж)	[gɑs'tinitsə]
motel (m)	**мотель** (м)	[mɑ'teʎ]

três estrelas	**3 звезды**	[tri zwez'dı]
cinco estrelas	**5 звёзд**	[pʲatʲ 'zwɜst]
ficar (~ num hotel)	**остановиться**	[astana'witsə]
quarto (m)	**номер** (м)	['nɔmer]
quarto (m) individual	**одноместный номер** (м)	[adna'mesnıj 'nɔmer]
quarto (m) duplo	**двухместный номер** (м)	[dvʊh'mesnıj 'nɔmer]
reservar um quarto	**бронировать номер**	[bra'niravatʲ 'nɔmer]
meia pensão (f)	**полупансион** (м)	[palupansi'ɔn]
pensão (f) completa	**полный пансион** (м)	['pɔlnıj pansi'ɔn]
com banheira	**с ванной**	[s 'vannaj]
com duche	**с душем**	[s 'dʊʃəm]
televisão (m) satélite	**спутниковое телевидение** (с)	[s'pʊtnikavae tele'widenie]
ar (m) condicionado	**кондиционер** (м)	[kanditsıa'ner]
toalha (f)	**полотенце** (с)	[pala'tentse]
chave (f)	**ключ** (м)	[klytʃ]
administrador (m)	**администратор** (м)	[administ'ratar]
camareira (f)	**горничная** (ж)	['gɔrnitʃnaja]
bagageiro (m)	**носильщик** (м)	[na'siʎɕik]
porteiro (m)	**портье** (с)	[par'tʲe]
restaurante (m)	**ресторан** (м)	[rista'ran]
bar (m)	**бар** (м)	[bar]
pequeno-almoço (m)	**завтрак** (м)	['zaftrak]
jantar (m)	**ужин** (м)	['uʒın]
buffet (m)	**шведский стол** (м)	[ʃ'wetskij s'tɔl]
hall (m) de entrada	**вестибюль** (м)	[wisti'byʎ]
elevador (m)	**лифт** (м)	[lift]
NÃO PERTURBE	**НЕ БЕСПОКОИТЬ**	[ni bespa'kɔitʲ]
PROIBIDO FUMAR!	**НЕ КУРИТЬ!**	[ni kʊ'ritʲ]

22. Turismo

monumento (m)	**памятник** (м)	['pamitnik]
fortaleza (f)	**крепость** (ж)	[k'repastʲ]
palácio (m)	**дворец** (м)	[dva'rets]
castelo (m)	**замок** (м)	['zamak]
torre (f)	**башня** (ж)	['baʃna]
mausoléu (m)	**мавзолей** (м)	[mavza'lej]
arquitetura (f)	**архитектура** (ж)	[arhitek'tʊrə]
medieval	**средневековый**	[sredniwi'kɔvıj]
antigo	**старинный**	[sta'rinnıj]
nacional	**национальный**	[natsıa'naʎnıj]

conhecido	**известный**	[iz'wesnɪj]
turista (m)	**турист** (м)	[tʊ'rist]
guia (pessoa)	**гид** (м)	[git]
excursão (f)	**экскурсия** (ж)	[ɛks'kʊrsija]
mostrar (vt)	**показывать**	[pɑ'kɑzɪvɑtʲ]
contar (vt)	**рассказывать**	[rɑs'kɑzɪvɑtʲ]
encontrar (vt)	**найти**	[nɑj'ti]
perder-se (vp)	**потеряться**	[pɑti'rʲɑʦə]
mapa (~ do metrô)	**схема** (ж)	[s'hemə]
mapa (~ da cidade)	**план** (м)	[plɑn]
lembrança (f), presente (m)	**сувенир** (м)	[sʊwe'nir]
loja (f) de presentes	**магазин** (м) **сувениров**	[mɑgɑ'zin sʊwe'nirɑf]
fotografar (vt)	**фотографировать**	[fɑtɑgrɑ'firɑvɑtʲ]
fotografar-se	**фотографироваться**	[fɑtɑgrɑ'firɑvɑʦə]

T&P BOOKS

TRANSPORTES

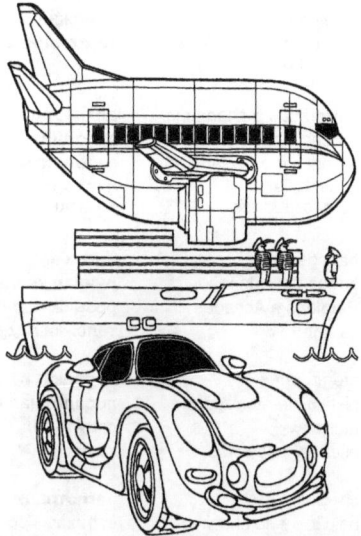

T&P Books Publishing

23. Aeroporto

aeroporto (m)	**аэропорт** (м)	[aəra'pɔrt]
avião (m)	**самолёт** (м)	[sama'lɜt]
companhia (f) aérea	**авиакомпания** (ж)	[awiakam'panija]
controlador (m) de tráfego aéreo	**диспетчер** (м)	[dis'petʃer]
partida (f)	**вылет** (м)	['vɪlet]
chegada (f)	**прилёт** (м)	[pri'lɜt]
chegar (~ de avião)	**прилететь**	[prile'tetʲ]
hora (f) de partida	**время** (с) **вылета**	[v'remʲa 'vɪletə]
hora (f) de chegada	**время** (с) **прилёта**	[v'remʲa pri'lɜtə]
estar atrasado	**задерживаться**	[za'derʒɪvatsə]
atraso (m) de voo	**задержка** (ж) **вылета**	[za'derʃka 'vɪletə]
painel (m) de informação	**информационное табло** (с)	[infarmatsɪ'ɔnae tab'lɔ]
informação (f)	**информация** (ж)	[infar'matsɪja]
anunciar (vt)	**объявлять**	[abʰiv'ʎatʲ]
voo (m)	**рейс** (м)	[rejs]
alfândega (f)	**таможня** (ж)	[ta'mɔʒɲa]
funcionário (m) da alfândega	**таможенник** (м)	[ta'mɔʒɛnik]
declaração (f) alfandegária	**декларация** (ж)	[dikla'ratsɪja]
preencher (vt)	**заполнить**	[za'pɔlnitʲ]
preencher a declaração	**заполнить декларацию**	[za'pɔlnitʲ dekla'ratsɪju]
controlo (m) de passaportes	**паспортный контроль** (м)	['paspartnɪj kant'rɔʎ]
bagagem (f)	**багаж** (м)	[ba'gaʃ]
bagagem (f) de mão	**ручная кладь** (ж)	[rutʃ'naja klatʲ]
Perdidos e Achados	**розыск** (м) **багажа**	['rɔzɪsk baga'ʒa]
carrinho (m)	**тележка** (ж) **для багажа**	[ti'leʃka dʎa baga'ʒa]
aterragem (f)	**посадка** (ж)	[pa'satkə]
pista (f) de aterragem	**посадочная полоса** (ж)	[pa'sadatʃnaja pala'sa]
aterrar (vi)	**садиться**	[sa'ditsə]
escada (f) de avião	**трап** (м)	[trap]
check-in (m)	**регистрация** (ж)	[regist'ratsɪja]
balcão (m) do check-in	**стойка** (ж) **регистрации**	[s'tɔjka regist'ratsɪi]

fazer o check-in	зарегистрироваться	[zaregist'riravatsə]
cartão (m) de embarque	посадочный талон (м)	[pa'sadatʃnij ta'lɔn]
porta (f) de embarque	выход (м)	['vɪhat]

trânsito (m)	транзит (м)	[tran'zit]
esperar (vi, vt)	ждать	[ʒdatʲ]
sala (f) de espera	зал (м) ожидания	[zal aʒɪ'danija]
despedir-se de …	провожать	[prava'ʒatʲ]
dizer adeus	прощаться	[pra'ɕatsə]

24. Avião

avião (m)	самолёт (м)	[sama'lɜt]
bilhete (m) de avião	авиабилет (м)	[awiabi'let]
companhia (f) aérea	авиакомпания (ж)	[awiakam'panija]
aeroporto (m)	аэропорт (м)	[aera'pɔrt]
supersónico	сверхзвуковой	[swerhzvʊka'vɔj]

comandante (m) do avião	командир (м) корабля	[kaman'dir karab'ʎa]
tripulação (f)	экипаж (м)	[ɛki'paʃ]
piloto (m)	пилот (м)	[pi'lɔt]
hospedeira (f) de bordo	стюардесса (ж)	[styar'desə]
copiloto (m)	штурман (м)	[ʃ'tʊrman]

asas (f pl)	крылья (с мн)	[k'rɪʎja]
cauda (f)	хвост (м)	[hvɔst]
cabine (f) de pilotagem	кабина (ж)	[ka'binə]
motor (m)	двигатель (м)	[d'wigateʎ]
trem (m) de aterragem	шасси (с)	[ʃʌ'si]
turbina (f)	турбина (ж)	[tʊr'binə]

hélice (f)	пропеллер (м)	[pra'peler]
caixa (f) negra	чёрный ящик (м)	['tʃɔrnij 'jaɕik]
coluna (f) de controle	штурвал (м)	[ʃtʊr'val]
combustível (m)	горючее (с)	[ga'rytʃee]

instruções (f pl) de segurança	инструкция по безопасности	[inst'rʊktsija pɔ biza'pasnosti]
máscara (f) de oxigénio	кислородная маска (ж)	[kisla'rɔdnaja 'maskə]
uniforme (m)	униформа (ж)	[uni'fɔrmə]
colete (m) salva-vidas	спасательный жилет (м)	[spa'sateʎnij ʒɪ'let]
paraquedas (m)	парашют (м)	[para'ʃyt]

descolagem (f)	взлёт (м)	['vzlɜt]
descolar (vi)	взлетать	[vzle'tatʲ]
pista (f) de descolagem	взлётная полоса (ж)	['vzlɜtnaja pala'sa]

visibilidade (f)	видимость (ж)	['widimastʲ]
voo (m)	полёт (м)	[pa'lɜt]
altura (f)	высота (ж)	[vɪsa'ta]

poço (m) de ar	**воздушная яма** (ж)	[vaz'dʊʃnaja 'jamə]
assento (m)	**место** (с)	['mestə]
auscultadores (m pl)	**наушники** (м мн)	[na'uʃniki]
mesa (f) rebatível	**откидной столик** (м)	[atkid'nɔj s'tɔlik]
vigia (f)	**иллюминатор** (м)	[ilymi'natar]
passagem (f)	**проход** (м)	[pra'hɔt]

25. Comboio

comboio (m)	**поезд** (м)	['pɔezt]
comboio (m) suburbano	**электричка** (ж)	[ɛlekt'riʧkə]
comboio (m) rápido	**скорый поезд** (м)	[s'kɔrıj 'pɔezt]
locomotiva (f) diesel	**тепловоз** (м)	[tepla'vɔs]
comboio (m) a vapor	**паровоз** (м)	[para'vɔs]
carruagem (f)	**вагон** (м)	[va'gɔn]
carruagem restaurante (f)	**вагон-ресторан** (м)	[va'gɔn resta'ran]
trilhos (m pl)	**рельсы** (мн)	['reʎsı]
caminho de ferro (m)	**железная дорога** (ж)	[ʒɛ'leznaja da'rɔgə]
travessa (f)	**шпала** (ж)	[ʃ'palə]
plataforma (f)	**платформа** (ж)	[plat'fɔrmə]
linha (f)	**путь** (м)	[pʊtʲ]
semáforo (m)	**семафор** (м)	[sima'fɔr]
estação (f)	**станция** (ж)	[s'tanʦıja]
maquinista (m)	**машинист** (м)	[maʃı'nist]
bagageiro (m)	**носильщик** (м)	[na'siʎɕik]
condutor (m)	**проводник** (м)	[pravad'nik]
passageiro (m)	**пассажир** (м)	[pasa'ʒir]
revisor (m)	**контролёр** (м)	[kantra'lɜr]
corredor (m)	**коридор** (м)	[kari'dɔr]
freio (m) de emergência	**стоп-кран** (м)	[stɔp k'ran]
compartimento (m)	**купе** (с)	[kʊ'pɛ]
cama (f)	**полка** (ж)	['pɔlkə]
cama (f) de cima	**верхняя полка** (ж)	['werhnija 'pɔlkə]
cama (f) de baixo	**нижняя полка** (ж)	['niʒnija 'pɔlkə]
roupa (f) de cama	**постельное бельё** (с)	[pas'teʎnae be'ʎjo]
bilhete (m)	**билет** (м)	[bi'let]
horário (m)	**расписание** (с)	[raspi'sanie]
painel (m) de informação	**табло** (с)	[tab'lɔ]
partir (vt)	**отходить**	[atha'ditʲ]
partida (f)	**отправление** (с)	[atprav'lenie]
chegar (vi)	**прибывать**	[pribı'vatʲ]
chegada (f)	**прибытие** (с)	[pri'bıtie]

chegar de comboio	**приехать поездом**	[pri'ehatʲ 'pɔizdam]
apanhar o comboio	**сесть на поезд**	[sestʲ na 'pɔezt]
sair do comboio	**сойти с поезда**	[saj'ti s 'pɔezdə]
acidente (m) ferroviário	**крушение** (с)	[krʊ'ʃənie]
descarrilar (vi)	**сойти с рельс**	[saj'ti s reʎs]
comboio (m) a vapor	**паровоз** (м)	[para'vɔs]
fogueiro (m)	**кочегар** (м)	[katʃe'gar]
fornalha (f)	**топка** (ж)	['tɔpkə]
carvão (m)	**уголь** (м)	['ugaʎ]

26. Barco

navio (m)	**корабль** (м)	[ka'rabʎ]
embarcação (f)	**судно** (с)	['sʊdnə]
vapor (m)	**пароход** (м)	[para'hɔt]
navio (m)	**теплоход** (м)	[tipla'hɔt]
transatlântico (m)	**лайнер** (м)	['lajner]
cruzador (m)	**крейсер** (м)	[k'rejser]
iate (m)	**яхта** (ж)	['jahtə]
rebocador (m)	**буксир** (м)	[bʊk'sir]
barcaça (f)	**баржа** (ж)	['barʒə]
ferry (m)	**паром** (м)	[pa'rɔm]
veleiro (m)	**парусник** (м)	['parʊsnik]
bergantim (m)	**бригантина** (ж)	[brigan'tinə]
quebra-gelo (m)	**ледокол** (м)	[lida'kɔl]
submarino (m)	**подводная лодка** (ж)	[pad'vɔdnaja 'lɔtkə]
bote, barco (m)	**лодка** (ж)	['lɔtkə]
bote, dingue (m)	**шлюпка** (ж)	[ʃ'lypkə]
bote (m) salva-vidas	**спасательная шлюпка** (ж)	[spa'sateʎnaja ʃ'lypkə]
lancha (f)	**катер** (м)	['kater]
capitão (m)	**капитан** (м)	[kapi'tan]
marinheiro (m)	**матрос** (м)	[mat'rɔs]
marujo (m)	**моряк** (м)	[ma'rʲak]
tripulação (f)	**экипаж** (м)	[ɛki'paʃ]
contramestre (m)	**боцман** (м)	['bɔtsman]
grumete (m)	**юнга** (м)	['juhgə]
cozinheiro (m) de bordo	**кок** (м)	[kɔk]
médico (m) de bordo	**судовой врач** (м)	[sʊda'vɔj vratʃ]
convés (m)	**палуба** (ж)	['palubə]
mastro (m)	**мачта** (ж)	['matʃtə]

vela (f)	**парус** (м)	['parʊs]
porão (m)	**трюм** (м)	[trym]
proa (f)	**нос** (м)	[nɔs]
popa (f)	**корма** (ж)	[kar'ma]
remo (m)	**весло** (с)	[wis'lɔ]
hélice (f)	**винт** (м)	[wint]
camarote (m)	**каюта** (ж)	[ka'jutə]
sala (f) dos oficiais	**кают-компания** (ж)	[ka'jut kam'panija]
sala (f) das máquinas	**машинное отделение** (с)	[ma'ʃinnae atde'lenie]
ponte (m) de comando	**капитанский мостик** (м)	[kapi'tanskij 'mɔstik]
sala (f) de comunicações	**радиорубка** (ж)	[radia'rʊpkə]
onda (f) de rádio	**волна** (ж)	[val'na]
diário (m) de bordo	**судовой журнал** (м)	[sʊda'vɔj ʒur'nal]
luneta (f)	**подзорная труба** (ж)	[pa'dzɔrnaja trʊ'ba]
sino (m)	**колокол** (м)	['kɔlakal]
bandeira (f)	**флаг** (м)	[flak]
cabo (m)	**канат** (м)	[ka'nat]
nó (m)	**узел** (м)	['uzel]
corrimão (m)	**поручень** (м)	['pɔrʊtʃeɲ]
prancha (f) de embarque	**трап** (м)	[trap]
âncora (f)	**якорь** (м)	['jakarʲ]
recolher a âncora	**поднять якорь**	[pad'ɲatʲ 'jakarʲ]
lançar a âncora	**бросить якорь**	[b'rɔsitʲ 'jakarʲ]
amarra (f)	**якорная цепь** (ж)	['jakarnaja 'tsepʲ]
porto (m)	**порт** (м)	[pɔrt]
cais, amarradouro (m)	**причал** (м)	[pri'tʃal]
atracar (vi)	**причаливать**	[pri'tʃalivatʲ]
desatracar (vi)	**отчаливать**	[a'tʃalivatʲ]
viagem (f)	**путешествие** (с)	[pʊte'ʃɛstwie]
cruzeiro (m)	**круиз** (м)	[krʊ'is]
rumo (m), rota (f)	**курс** (м)	[kʊrs]
itinerário (m)	**маршрут** (м)	[marʃ'rʊt]
canal (m) navegável	**фарватер** (м)	[far'vater]
baixio (m)	**мель** (ж)	[meʎ]
encalhar (vt)	**сесть на мель**	[sestʲ na 'meʎ]
tempestade (f)	**буря** (ж)	['bʊrʲa]
sinal (m)	**сигнал** (м)	[sig'nal]
afundar-se (vp)	**тонуть**	[ta'nʊtʲ]
Homem ao mar!	**Человек за бортом!**	[tʃela'wek za 'bɔrtam]
SOS	**SOS** (м)	[sɔs]
boia (f) salva-vidas	**спасательный круг** (м)	[spa'sateʎnıj krʊk]

CIDADE

T&P Books Publishing

27. Transportes urbanos

autocarro (m)	**автобус** (м)	[af'tɔbʊs]
elétrico (m)	**трамвай** (м)	[tram'vaj]
troleicarro (m)	**троллейбус** (м)	[tra'lejbʊs]
itinerário (m)	**маршрут** (м)	[marʃ'rʊt]
número (m)	**номер** (м)	['nɔmer]
ir de … (carro, etc.)	**ехать на …**	['ehatʲ na]
entrar (~ no autocarro)	**сесть на …**	[sestʲ na]
descer de …	**сойти с …**	[saj'ti s]
paragem (f)	**остановка** (ж)	[asta'nɔfkə]
próxima paragem (f)	**следующая остановка** (ж)	[s'ledʊɕaja asta'nɔfkə]
ponto (m) final	**конечная остановка** (ж)	[ka'netʃnaja asta'nɔfkə]
horário (m)	**расписание** (с)	[raspi'sanie]
esperar (vt)	**ждать**	[ʒdatʲ]
bilhete (m)	**билет** (м)	[bi'let]
custo (m) do bilhete	**стоимость** (ж) **билета**	[s'tɔimastʲ bi'letə]
bilheteiro (m)	**кассир** (м)	[kas'sir]
controlo (m) dos bilhetes	**контроль** (м)	[kant'rɔʎ]
revisor (m)	**контролёр** (м)	[kantra'lɜr]
atrasar-se (vp)	**опаздывать на …**	[a'pazdɪvatʲ na]
perder (o autocarro, etc.)	**опоздать на …**	[apaz'datʲ na]
estar com pressa	**спешить**	[spi'ʃitʲ]
táxi (m)	**такси** (с)	[tak'si]
taxista (m)	**таксист** (м)	[tak'sist]
de táxi (ir ~)	**на такси**	[na tak'si]
praça (f) de táxis	**стоянка** (ж) **такси**	[sta'janka tak'si]
chamar um táxi	**вызвать такси**	['vɪzvatʲ tak'si]
apanhar um táxi	**взять такси**	[vzʲatʲ tak'si]
tráfego (m)	**уличное движение** (с)	['ulitʃnae dwi'ʒɛnie]
engarrafamento (m)	**пробка** (ж)	[p'rɔpkə]
horas (f pl) de ponta	**часы пик** (м)	[tʃə'sɪ pik]
estacionar (vi)	**парковаться**	[parka'vatsə]
estacionar (vt)	**парковать**	[parka'vatʲ]
parque (m) de estacionamento	**стоянка** (ж)	[sta'jankə]
metro (m)	**метро** (с)	[mit'rɔ]
estação (f)	**станция** (ж)	[s'tantsɪja]

ir de metro	**ехать на метро**	['ehatʲ na met'rɔ]
comboio (m)	**поезд** (м)	['pɔezt]
estação (f)	**вокзал** (м)	[vak'zal]

28. Cidade. Vida na cidade

cidade (f)	**город** (м)	['gɔrat]
capital (f)	**столица** (ж)	[sta'litsə]
aldeia (f)	**деревня** (ж)	[di'revɲa]
mapa (m) da cidade	**план** (м) **города**	[plan 'gɔradə]
centro (m) da cidade	**центр** (м) **города**	[tsəntr 'gɔradə]
subúrbio (m)	**пригород** (м)	[p'rigarat]
suburbano	**пригородный**	[p'rigaradnɪj]
periferia (f)	**окраина** (ж)	[ak'rainə]
arredores (m pl)	**окрестности** (ж мн)	[ak'resnasti]
quarteirão (m)	**квартал** (м)	[kvar'tal]
quarteirão (m) residencial	**жилой квартал** (м)	[ʒɪ'lɔj kvar'tal]
tráfego (m)	**движение** (с)	[dwi'ʒɛnie]
semáforo (m)	**светофор** (м)	[swita'fɔr]
transporte (m) público	**городской транспорт** (м)	[garats'kɔj t'ranspart]
cruzamento (m)	**перекрёсток** (м)	[pirek'rɜstak]
passadeira (f) para peões	**переход** (м)	[pere'hɔt]
passagem (f) subterrânea	**подземный переход** (м)	[pa'dzemnɪj pere'hɔt]
cruzar, atravessar (vt)	**переходить**	[pereha'ditʲ]
peão (m)	**пешеход** (м)	[piʃə'hɔt]
passeio (m)	**тротуар** (м)	[tratʊ'ar]
ponte (f)	**мост** (м)	[mɔst]
marginal (f)	**набережная** (ж)	['nabereʒnaja]
fonte (f)	**фонтан** (м)	[fan'tan]
alameda (f)	**аллея** (ж)	[a'leja]
parque (m)	**парк** (м)	[park]
bulevar (m)	**бульвар** (м)	[bʊʎ'var]
praça (f)	**площадь** (ж)	[p'lɔɕatʲ]
avenida (f)	**проспект** (м)	[pras'pekt]
rua (f)	**улица** (ж)	['ulitsə]
travessa (f)	**переулок** (м)	[pire'ulak]
beco (m) sem saída	**тупик** (м)	[tʊ'pik]
casa (f)	**дом** (м)	[dɔm]
edifício, prédio (m)	**здание** (с)	[z'danie]
arranha-céus (m)	**небоскрёб** (м)	[nibask'rɜp]
fachada (f)	**фасад** (м)	[fa'sat]
telhado (m)	**крыша** (ж)	[k'rɪʃə]

janela (f)	**окно** (с)	[ak'nɔ]
arco (m)	**арка** (ж)	['arkə]
coluna (f)	**колонна** (ж)	[ka'lɔnnə]
esquina (f)	**угол** (м)	['ugal]
montra (f)	**витрина** (ж)	[wit'rinə]
letreiro (m)	**вывеска** (ж)	['vɪwiskə]
cartaz (m)	**афиша** (ж)	[a'fiʃə]
cartaz (m) publicitário	**рекламный плакат** (м)	[rek'lamnɪj pla'kat]
painel (m) publicitário	**рекламный щит** (м)	[rek'lamnɪj ɕit]
lixo (m)	**мусор** (м)	['mʊsar]
cesta (f) do lixo	**урна** (ж)	['urnə]
jogar lixo na rua	**сорить**	[sa'ritʲ]
aterro (m) sanitário	**свалка** (ж)	[s'valkə]
cabine (f) telefónica	**телефонная будка** (ж)	[tele'fɔnnaja 'bʊtkə]
candeeiro (m) de rua	**фонарный столб** (м)	[fa'narnɪj s'tɔlp]
banco (m)	**скамейка** (ж)	[ska'mejkə]
polícia (m)	**полицейский** (м)	[pali'ʦəjskij]
polícia (instituição)	**полиция** (ж)	[pa'liʦɪja]
mendigo (m)	**нищий** (м)	['niɕij]
sem-abrigo (m)	**бездомный** (м)	[biz'dɔmnɪj]

29. Instituições urbanas

loja (f)	**магазин** (м)	[maga'zin]
farmácia (f)	**аптека** (ж)	[ap'tekə]
ótica (f)	**оптика** (ж)	['ɔptikə]
centro (m) comercial	**торговый центр** (м)	[tar'gɔvɪj ʦəntr]
supermercado (m)	**супермаркет** (м)	[sʊper'market]
padaria (f)	**булочная** (ж)	['bʊlaʧnaja]
padeiro (m)	**пекарь** (м)	['pekarʲ]
pastelaria (f)	**кондитерская** (ж)	[kan'diterskaja]
mercearia (f)	**бакалея** (ж)	[baka'leja]
talho (m)	**мясная лавка** (ж)	[mʲas'naja 'lafkə]
loja (f) de legumes	**овощная лавка** (ж)	[avaɕ'naja 'lafkə]
mercado (m)	**рынок** (м)	['rɪnak]
café (m)	**кафе** (с)	[ka'fɛ]
restaurante (m)	**ресторан** (м)	[rista'ran]
cervejaria (f)	**пивная** (ж)	[piv'naja]
pizzaria (f)	**пиццерия** (ж)	[piʦɪ'rija]
salão (m) de cabeleireiro	**парикмахерская** (ж)	[parih'maherskaja]
correios (m pl)	**почта** (ж)	['pɔʧtə]
lavandaria (f)	**химчистка** (ж)	[him'ʧistkə]
estúdio (m) fotográfico	**фотоателье** (с)	[fɔtaatɛ'ʎje]

sapataria (f)	**обувной магазин** (м)	[abʊv'nɔj maga'zin]
livraria (f)	**книжный магазин** (м)	[k'niʒnɪj maga'zin]
loja (f) de artigos de desporto	**спортивный магазин** (м)	[spar'tivnɪj maga'zin]
reparação (f) de roupa	**ремонт** (м) **одежды**	[re'mɔnt a'deʒdɪ]
aluguer (m) de roupa	**прокат** (м) **одежды**	[pra'kat a'deʒdɪ]
aluguer (m) de filmes	**прокат** (м) **фильмов**	[pra'kat 'fiʎmaf]
circo (m)	**цирк** (м)	[ʦɪrk]
jardim (m) zoológico	**зоопарк** (м)	[zaa'park]
cinema (m)	**кинотеатр** (м)	[kinati'atr]
museu (m)	**музей** (м)	[mʊ'zej]
biblioteca (f)	**библиотека** (ж)	[biblia'tekə]
teatro (m)	**театр** (м)	[ti'atr]
ópera (f)	**опера** (ж)	['ɔperə]
clube (m) noturno	**ночной клуб** (м)	[naʧ'nɔj klup]
casino (m)	**казино** (с)	[kazi'nɔ]
mesquita (f)	**мечеть** (ж)	[mi'ʧetʲ]
sinagoga (f)	**синагога** (ж)	[sina'gɔgə]
catedral (f)	**собор** (м)	[sa'bɔr]
templo (m)	**храм** (м)	[hram]
igreja (f)	**церковь** (ж)	['ʦərkafʲ]
instituto (m)	**институт** (м)	[insti'tʊt]
universidade (f)	**университет** (м)	[uniwersi'tet]
escola (f)	**школа** (ж)	[ʃ'kɔlə]
prefeitura (f)	**префектура** (ж)	[prifek'tʊrə]
câmara (f) municipal	**мэрия** (ж)	['mɛrija]
hotel (m)	**гостиница** (ж)	[gas'tiniʦə]
banco (m)	**банк** (м)	[bank]
embaixada (f)	**посольство** (с)	[pa'sɔʎstvə]
agência (f) de viagens	**турагентство** (с)	[tʊra'genstvə]
agência (f) de informações	**справочное бюро** (с)	[sp'ravaʧnae by'rɔ]
casa (f) de câmbio	**обменный пункт** (м)	[ab'mennɪj pʊnkt]
metro (m)	**метро** (с)	[mit'rɔ]
hospital (m)	**больница** (ж)	[baʎ'niʦə]
posto (m) de gasolina	**бензозаправка** (ж)	[binzazap'rafkə]
parque (m) de estacionamento	**стоянка** (ж)	[sta'jankə]

30. Sinais

letreiro (m)	**вывеска** (ж)	['vɪwiskə]
inscrição (f)	**надпись** (ж)	['natpisʲ]

cartaz, póster (m)	**плакат** (м)	[pla'kat]
sinal (m) informativo	**указатель** (м)	[uka'zateʎ]
seta (f)	**стрелка** (ж)	[st'relkə]
aviso (advertência)	**предостережение** (с)	[pridastire'ʒenie]
sinal (m) de aviso	**предупреждение** (с)	[pridʊpriʒ'denie]
avisar, advertir (vt)	**предупредить**	[pridʊpre'ditʲ]
dia (m) de folga	**выходной день** (м)	[vɪhad'nɔj deɲ]
horário (m)	**расписание** (с)	[raspi'sanie]
horário (m) de funcionamento	**часы** (мн) **работы**	[ʧa'sɪ ra'bɔtɪ]
BEM-VINDOS!	**ДОБРО ПОЖАЛОВАТЬ!**	[dab'rɔ pa'ʒalavatʲ]
ENTRADA	**ВХОД**	[vhɔt]
SAÍDA	**ВЫХОД**	['vɪhat]
EMPURRE	**ОТ СЕБЯ**	[at se'bʲa]
PUXE	**НА СЕБЯ**	[na se'bʲa]
ABERTO	**ОТКРЫТО**	[atk'rɪtə]
FECHADO	**ЗАКРЫТО**	[zak'rɪtə]
MULHER	**ДЛЯ ЖЕНЩИН**	[dʎa 'ʒɛɲɕin]
HOMEM	**ДЛЯ МУЖЧИН**	[dʎa mʊ'ɕin]
DESCONTOS	**СКИДКИ**	[s'kitki]
SALDOS	**РАСПРОДАЖА**	[raspra'daʒə]
NOVIDADE!	**НОВИНКА!**	[na'winka]
GRÁTIS	**БЕСПЛАТНО**	[bisp'latnə]
ATENÇÃO!	**ВНИМАНИЕ!**	[vni'manie]
NÃO HÁ VAGAS	**МЕСТ НЕТ**	[mest 'net]
RESERVADO	**ЗАРЕЗЕРВИРОВАНО**	[zarizir'wiravanə]
ADMINISTRAÇÃO	**АДМИНИСТРАЦИЯ**	[administ'raʦɪja]
SOMENTE PESSOAL AUTORIZADO	**ТОЛЬКО ДЛЯ ПЕРСОНАЛА**	['tɔʎka dʎa persa'nalə]
CUIDADO CÃO FEROZ	**ЗЛАЯ СОБАКА**	[z'laja sa'bakə]
PROIBIDO FUMAR!	**НЕ КУРИТЬ!**	[ni kʊ'ritʲ]
NÃO TOCAR	**РУКАМИ НЕ ТРОГАТЬ!**	[rʊ'kami ni t'rɔgatʲ]
PERIGOSO	**ОПАСНО**	[a'pasnə]
PERIGO	**ОПАСНОСТЬ**	[a'pasnastʲ]
ALTA TENSÃO	**ВЫСОКОЕ НАПРЯЖЕНИЕ**	[vɪ'sɔkae napri'ʒenie]
PROIBIDO NADAR	**КУПАТЬСЯ ЗАПРЕЩЕНО**	[kʊ'paʦa zapreɕe'nɔ]
AVARIADO	**НЕ РАБОТАЕТ**	[ni ra'bɔtaet]
INFLAMÁVEL	**ОГНЕОПАСНО**	[agnea'pasnə]
PROIBIDO	**ЗАПРЕЩЕНО**	[zapriɕe'nɔ]

ENTRADA PROIBIDA	**ПРОХОД ЗАПРЕЩЁН**	[pra'hɔd zapri'ɕɜn]
CUIDADO TINTA FRESCA	**ОКРАШЕНО**	[ak'raʃinə]

31. Compras

comprar (vt)	**покупать**	[pakʊ'patʲ]
compra (f)	**покупка** (ж)	[pa'kʊpkə]
fazer compras	**делать покупки**	['delatʲ pa'kʊpki]
compras (f pl)	**шоппинг** (м)	['ʃɔpink]
estar aberta (loja, etc.)	**работать**	[ra'bɔtatʲ]
estar fechada	**закрыться**	[zak'rɪtsə]
calçado (m)	**обувь** (ж)	['ɔbʊfʲ]
roupa (f)	**одежда** (ж)	[a'deʒdə]
cosméticos (m pl)	**косметика** (ж)	[kas'metikə]
alimentos (m pl)	**продукты** (мн)	[pra'dʊktɪ]
presente (m)	**подарок** (м)	[pa'darak]
vendedor (m)	**продавец** (м)	[prada'wets]
vendedora (f)	**продавщица** (ж)	[pradafʲɕitsə]
caixa (f)	**касса** (ж)	['kassə]
espelho (m)	**зеркало** (с)	['zerkalə]
balcão (m)	**прилавок** (м)	[pri'lavak]
cabine (f) de provas	**примерочная** (ж)	[pri'meratʃnaja]
provar (vt)	**примерить**	[pri'meritʲ]
servir (vi)	**подходить**	[padha'ditʲ]
gostar (apreciar)	**нравиться**	[n'rawitsə]
preço (m)	**цена** (ж)	[tsɪ'na]
etiqueta (f) de preço	**ценник** (м)	['tsənnik]
custar (vt)	**стоить**	[s'tɔitʲ]
Quanto?	**Сколько?**	[s'kɔʎka]
desconto (m)	**скидка** (ж)	[s'kitkə]
não caro	**недорогой**	[nidara'gɔj]
barato	**дешёвый**	[di'ʃɔvɪj]
caro	**дорогой**	[dara'gɔj]
É caro	**Это дорого.**	['ɛta 'dɔragə]
aluguer (m)	**прокат** (м)	[pra'kat]
alugar (vestidos, etc.)	**взять напрокат**	[vzʲatʲ napra'kat]
crédito (m)	**кредит** (м)	[kri'dit]
a crédito	**в кредит**	[f kre'dit]

T&P BOOKS

VESTUÁRIO & ACESSÓRIOS

T&P Books Publishing

32. Roupa exterior. Casacos

roupa (f)	одежда (ж)	[a'deʒdə]
roupa (f) exterior	верхняя одежда (ж)	['werhnija a'deʒdə]
roupa (f) de inverno	зимняя одежда (ж)	['zimɲaja a'deʒdə]
sobretudo (m)	пальто (с)	[paʎ'tɔ]
casaco (m) de peles	шуба (ж)	['ʃubə]
casaco curto (m) de peles	полушубок (м)	[palu'ʃubak]
casaco (m) acolchoado	пуховик (м)	[puha'wik]
casaco, blusão (m)	куртка (ж)	['kurtkə]
impermeável (m)	плащ (м)	[plaɕ]
impermeável	непромокаемый	[niprama'kaemɪj]

33. Vestuário de homem & mulher

camisa (f)	рубашка (ж)	[ru'baʃkə]
calças (f pl)	брюки (мн)	[b'ryki]
calças (f pl) de ganga	джинсы (мн)	['dʒinsɪ]
casaco (m) de fato	пиджак (м)	[pi'dʒak]
fato (m)	костюм (м)	[kas'tym]
vestido (ex. ~ vermelho)	платье (с)	[p'latje]
saia (f)	юбка (ж)	['jupkə]
blusa (f)	блузка (ж)	[b'luskə]
casaco (m) de malha	кофта (ж)	['kɔftə]
casaco, blazer (m)	жакет (м)	[ʒe'ket]
T-shirt, camiseta (f)	футболка (ж)	[fud'bɔlkə]
calções (Bermudas, etc.)	шорты (мн)	['ʃɔrtɪ]
fato (m) de treino	спортивный костюм (м)	[spar'tivnɪj kas'tym]
roupão (m) de banho	халат (м)	[ha'lat]
pijama (m)	пижама (ж)	[pi'ʒamə]
suéter (m)	свитер (м)	[s'witer]
pulôver (m)	пуловер (м)	[pu'lɔwer]
colete (m)	жилет (м)	[ʒɪ'let]
fraque (m)	фрак (м)	[frak]
smoking (m)	смокинг (м)	[s'mɔkink]
uniforme (m)	форма (ж)	['fɔrmə]
roupa (f) de trabalho	рабочая одежда (ж)	[ra'bɔtʃija a'deʒdə]

fato-macaco (m)	**комбинезон** (м)	[kambini'zɔn]
bata (~ branca, etc.)	**халат** (м)	[ha'lat]

34. Vestuário. Roupa interior

roupa (f) interior	**бельё** (с)	[bi'ʎjo]
cuecas boxer (f pl)	**трусы** (м)	[trʊ'sı]
cuecas (f pl)	**бельё** (с)	[bi'ʎjo]
camisola (f) interior	**майка** (ж)	['majkə]
peúgas (f pl)	**носки** (мн)	[nas'ki]
camisa (f) de noite	**ночная рубашка** (ж)	[natʃ'naja rʊ'baʃkə]
sutiã (m)	**бюстгальтер** (м)	[bys'gaʎtɛr]
meias longas (f pl)	**гольфы** (мн)	['gɔʎfı]
meias-calças (f pl)	**колготки** (мн)	[kal'gɔtki]
meias (f pl)	**чулки** (мн)	[tʃul'ki]
fato (m) de banho	**купальник** (м)	[kʊ'paʎnik]

35. Adereços de cabeça

chapéu (m)	**шапка** (ж)	['ʃʌpkə]
chapéu (m) de feltro	**шляпа** (ж)	[ʃ'ʎapə]
boné (m) de beisebol	**бейсболка** (ж)	[bijz'bɔlkə]
boné (m)	**кепка** (ж)	['kepkə]
boina (f)	**берет** (м)	[bi'ret]
capuz (m)	**капюшон** (м)	[kapy'ʃɔn]
panamá (m)	**панамка** (ж)	[pa'namkə]
gorro (m) de malha	**вязаная шапочка** (ж)	['vʲazanaja 'ʃʌpatʃkə]
lenço (m)	**платок** (м)	[pla'tɔk]
chapéu (m) de mulher	**шляпка** (ж)	[ʃ'ʎapkə]
capacete (m) de proteção	**каска** (ж)	['kaskə]
bivaque (m)	**пилотка** (ж)	[pi'lɔtkə]
capacete (m)	**шлем** (м)	[ʃlem]
chapéu (m) de coco	**котелок** (м)	[kate'lɔk]
chapéu (m) alto	**цилиндр** (м)	[tsı'lindr]

36. Calçado

calçado (m)	**обувь** (ж)	['ɔbʊfʲ]
botinas (f pl)	**ботинки** (мн)	[ba'tinki]
sapatos (de salto alto, etc.)	**туфли** (мн)	['tʊfli]

botas (f pl)	**сапоги** (мн)	[sapa'gi]
pantufas (f pl)	**тапочки** (мн)	['tapatʃki]
ténis (m pl)	**кроссовки** (мн)	[kra'sɔfki]
sapatilhas (f pl)	**кеды** (мн)	['kedı]
sandálias (f pl)	**сандалии** (мн)	[san'dali]
sapateiro (m)	**сапожник** (м)	[sa'pɔʒnik]
salto (m)	**каблук** (м)	[kab'luk]
par (m)	**пара** (ж)	['parə]
atacador (m)	**шнурок** (м)	[ʃnʊ'rɔk]
apertar os atacadores	**шнуровать**	[ʃnʊra'vatʲ]
calçadeira (f)	**рожок** (м)	[ra'ʒɔk]
graxa (f) para calçado	**крем** (м) **для обуви**	[krem dʎa 'ɔbʊwi]

37. Acessórios pessoais

luvas (f pl)	**перчатки** (ж мн)	[pir'ʧatki]
mitenes (f pl)	**варежки** (ж мн)	['variʃki]
cachecol (m)	**шарф** (м)	[ʃʌrf]
óculos (m pl)	**очки** (мн)	[atʃ'ki]
armação (f) de óculos	**оправа** (ж)	[ap'ravə]
guarda-chuva (m)	**зонт** (м)	[zɔnt]
bengala (f)	**трость** (ж)	[trɔstʲ]
escova (f) para o cabelo	**щётка** (ж) **для волос**	['ɕ3tka dʎa va'lɔs]
leque (m)	**веер** (м)	['weer]
gravata (f)	**галстук** (м)	['galstʊk]
gravata-borboleta (f)	**галстук-бабочка** (м)	[galstʊk 'babatʃkə]
suspensórios (m pl)	**подтяжки** (мн)	[pa'tʲaʃki]
lenço (m)	**носовой платок** (м)	[nasa'vɔj pla'tɔk]
pente (m)	**расчёска** (ж)	[ra'ɕ3skə]
travessão (m)	**заколка** (ж)	[za'kɔlkə]
gancho (m) de cabelo	**шпилька** (ж)	[ʃ'piʎkə]
fivela (f)	**пряжка** (ж)	[p'rʲaʃkə]
cinto (m)	**пояс** (м)	['pɔis]
correia (f)	**ремень** (м)	[ri'meɲ]
bolsa (f)	**сумка** (ж)	['sʊmkə]
bolsa (f) de senhora	**сумочка** (ж)	['sʊmatʃkə]
mochila (f)	**рюкзак** (м)	[ryk'zak]

38. Vestuário. Diversos

moda (f)	**мода** (ж)	['mɔdə]
na moda	**модный**	['mɔdnıj]

estilista (m)	**модельер** (м)	[madɛ'ʎjer]
colarinho (m), gola (f)	**воротник** (м)	[varat'nik]
bolso (m)	**карман** (м)	[kar'man]
de bolso	**карманный**	[kar'mannɪj]
manga (f)	**рукав** (м)	[rʊ'kaf]
presilha (f)	**вешалка** (ж)	['weʃʌlkə]
braguilha (f)	**ширинка** (ж)	[ʃɪ'rinkə]
fecho (m) de correr	**молния** (ж)	['mɔlnija]
fecho (m), colchete (m)	**застёжка** (ж)	[zas'tɜʃkə]
botão (m)	**пуговица** (ж)	['pʊgawitsə]
casa (f) de botão	**петля** (ж)	[pit'ʎa]
saltar (vi) (botão, etc.)	**оторваться**	[atar'vatsə]
coser, costurar (vi)	**шить**	[ʃɪtʲ]
bordar (vt)	**вышивать**	[vɪʃɪ'vatʲ]
bordado (m)	**вышивка** (ж)	['vɪʃɪfkə]
agulha (f)	**иголка** (ж)	[i'gɔlka]
fio (m)	**нитка** (ж)	['nitkə]
costura (f)	**шов** (м)	[ʃɔf]
sujar-se (vp)	**испачкаться**	[is'patʃkatsə]
mancha (f)	**пятно** (с)	[pit'nɔ]
engelhar-se (vp)	**помяться**	[pa'mʲatsə]
rasgar (vt)	**порвать**	[par'vatʲ]
traça (f)	**моль** (м)	[mɔʎ]

39. Cuidados pessoais. Cosméticos

pasta (f) de dentes	**зубная паста** (ж)	[zub'naja 'pastə]
escova (f) de dentes	**зубная щётка** (ж)	[zub'naja 'ɕɜtkə]
escovar os dentes	**чистить зубы**	['tʃistitʲ 'zubɪ]
máquina (f) de barbear	**бритва** (ж)	[b'ritvə]
creme (m) de barbear	**крем** (м) **для бритья**	[krem dʎa bri'tja]
barbear-se (vp)	**бриться**	[b'ritsə]
sabonete (m)	**мыло** (с)	['mɪlə]
champô (m)	**шампунь** (м)	[ʃʌm'pʊɲ]
tesoura (f)	**ножницы** (мн)	['nɔʒnitsɪ]
lima (f) de unhas	**пилочка** (ж) **для ногтей**	['pilatʃka dʎa nak'tej]
corta-unhas (m)	**щипчики** (мн)	['ɕiptʃiki]
pinça (f)	**пинцет** (м)	[pin'tsət]
cosméticos (m pl)	**косметика** (ж)	[kas'metikə]
máscara (f) facial	**маска** (ж)	['maskə]
manicura (f)	**маникюр** (м)	[mani'kyr]
fazer a manicura	**делать маникюр**	['delatʲ mani'kyr]
pedicure (f)	**педикюр** (м)	[pidi'kyr]

bolsa (f) de maquilhagem	**косметичка** (ж)	[kasme'titʃkə]
pó (m)	**пудра** (ж)	['pʊdrə]
caixa (f) de pó	**пудреница** (ж)	['pʊdrinitsə]
blush (m)	**румяна** (ж)	[rʊ'mʲanə]
perfume (m)	**духи** (мн)	[dʊ'hi]
água (f) de toilette	**туалетная вода** (ж)	[tʊa'letnaja va'da]
loção (m)	**лосьон** (м)	[la'sjon]
água-de-colónia (f)	**одеколон** (м)	[adika'lɔn]
sombra (f) de olhos	**тени** (мн) **для век**	['teni dʎa 'wek]
lápis (m) delineador	**карандаш** (м) **для глаз**	[karan'daʃ dʎa g'las]
máscara (f), rímel (m)	**тушь** (ж)	[tʊʃ]
batom (m)	**губная помада** (ж)	[gʊb'naja pa'madə]
verniz (m) de unhas	**лак** (м) **для ногтей**	[lak dʎa nak'tej]
laca (f) para cabelos	**лак** (м) **для волос**	[lak dʎa va'lɔs]
desodorizante (m)	**дезодорант** (м)	[dizada'rant]
creme (m)	**крем** (м)	[krem]
creme (m) de rosto	**крем** (м) **для лица**	[krem dʎa li'tsa]
creme (m) de mãos	**крем** (м) **для рук**	[krem dʎa 'rʊk]
creme (m) antirrugas	**крем** (м) **против морщин**	[krem p'rɔtif mar'ɕin]
creme (m) de dia	**дневной крем** (м)	[dniv'nɔj krem]
creme (m) de noite	**ночной крем** (м)	[natʃ'nɔj krem]
de dia	**дневной**	[dniv'nɔj]
da noite	**ночной**	[natʃ'nɔj]
tampão (m)	**тампон** (м)	[tam'pɔn]
papel (m) higiénico	**туалетная бумага** (ж)	[tʊa'letnaja bʊ'magə]
secador (m) elétrico	**фен** (м)	[fen]

40. Relógios de pulso. Relógios

relógio (m) de pulso	**часы** (мн)	[tʃi'sɪ]
mostrador (m)	**циферблат** (м)	[tsɪferb'lat]
ponteiro (m)	**стрелка** (ж)	[st'relkə]
bracelete (f) em aço	**браслет** (м)	[bras'let]
bracelete (f) em pele	**ремешок** (м)	[rime'ʃɔk]
pilha (f)	**батарейка** (ж)	[bata'rejkə]
descarregar-se	**сесть**	[sestʲ]
trocar a pilha	**поменять батарейку**	[pami'ɲatʲ bata'rejkʊ]
estar adiantado	**спешить**	[spi'ʃitʲ]
estar atrasado	**отставать**	[atsta'vatʲ]
relógio (m) de parede	**настенные часы** (мн)	[nas'tennɪe tʃə'sɪ]
ampulheta (f)	**песочные часы** (мн)	[pe'sɔtʃnɪe tʃə'sɪ]
relógio (m) de sol	**солнечные часы** (мн)	['sɔlnitʃnɪe tʃi'sɪ]
despertador (m)	**будильник** (м)	[bʊ'diʎnik]

| relojoeiro (m) | часовщик (м) | [tʃisafˈɕik] |
| reparar (vt) | ремонтировать | [rimanˈtiravatʲ] |

EXPERIÊNCIA
DO QUOTIDIANO

T&P Books Publishing

41. Dinheiro

dinheiro (m)	**деньги** (мн)	['deɲgi]
câmbio (m)	**обмен** (м)	[ab'men]
taxa (f) de câmbio	**курс** (м)	[kʊrs]
Caixa Multibanco (m)	**банкомат** (м)	[banka'mat]
moeda (f)	**монета** (ж)	[ma'netə]
dólar (m)	**доллар** (м)	['dɔllar]
euro (m)	**евро** (с)	['evrə]
lira (f)	**лира** (ж)	['lirə]
marco (m)	**марка** (ж)	['markə]
franco (m)	**франк** (м)	[frank]
libra (f) esterlina	**фунт стерлингов** (м)	[fʊnt s'terlihgaf]
iene (m)	**йена** (ж)	['enə]
dívida (f)	**долг** (м)	[dɔlk]
devedor (m)	**должник** (м)	[daʤ'nik]
emprestar (vt)	**дать в долг**	[datʲ v 'dɔlk]
pedir emprestado	**взять в долг**	[vzʲatʲ v 'dɔlk]
banco (m)	**банк** (м)	[bank]
conta (f)	**счёт** (м)	['ɕɜt]
depositar (vt)	**положить**	[pala'ʒitʲ]
depositar na conta	**положить на счёт**	[pala'ʒitʲ na 'ɕɜt]
levantar (vt)	**снять со счёта**	[s'ɲatʲ sa 'ɕɜtə]
cartão (m) de crédito	**кредитная карта** (ж)	[kri'ditnaja 'kartə]
dinheiro (m) vivo	**наличные деньги** (мн)	[na'litʃnɪe 'deɲgi]
cheque (m)	**чек** (м)	[tʃek]
passar um cheque	**выписать чек**	['vɪpisatʲ tʃek]
livro (m) de cheques	**чековая книжка** (ж)	['tʃekavaja k'niʃkə]
carteira (f)	**бумажник** (м)	[bʊ'maʒnik]
porta-moedas (m)	**кошелёк** (м)	[kaʃi'lɜk]
carteira (f)	**портмоне** (с)	[partma'nɛ]
cofre (m)	**сейф** (м)	[sɛjf]
herdeiro (m)	**наследник** (м)	[nas'lednik]
herança (f)	**наследство** (с)	[nas'letstvə]
fortuna (riqueza)	**состояние** (с)	[sasta'janie]
arrendamento (m)	**аренда** (ж)	[a'rendə]
renda (f) de casa	**квартирная плата** (ж)	[kvar'tirnaja p'latə]
alugar (vt)	**снимать**	[sni'matʲ]

preço (m)	**цена** (ж)	[tsɪ'nɑ]
custo (m)	**стоимость** (ж)	[s'tɔimɑstʲ]
soma (f)	**сумма** (ж)	['sʊmmə]
gastar (vt)	**тратить**	[trɑ'titʲ]
gastos (m pl)	**расходы** (мн)	[rɑs'hɔdɪ]
economizar (vi)	**экономить**	[ɛkɑ'nɔmitʲ]
económico	**экономный**	[ɛkɑ'nɔmnɪj]
pagar (vt)	**платить**	[plɑ'titʲ]
pagamento (m)	**оплата** (ж)	[ɑp'lɑtə]
troco (m)	**сдача** (ж)	[z'dɑʧə]
imposto (m)	**налог** (м)	[nɑ'lɔk]
multa (f)	**штраф** (м)	[ʃtrɑf]
multar (vt)	**штрафовать**	[ʃtrɑfɑ'vɑtʲ]

42. Correios. Serviço postal

correios (m pl)	**почта** (ж)	['pɔʧtə]
correio (m)	**почта** (ж)	['pɔʧtə]
carteiro (m)	**почтальон** (м)	[pɑʧtɑ'ʎjon]
horário (m)	**часы** (мн) **работы**	[ʧa'sɪ rɑ'bɔtɪ]
carta (f)	**письмо** (с)	[pisʲ'mɔ]
carta (f) registada	**заказное письмо** (с)	[zɑkɑz'nɔe pisʲ'mɔ]
postal (m)	**открытка** (ж)	[ɑtk'rɪtkə]
telegrama (m)	**телеграмма** (ж)	[tileg'rɑmə]
encomenda (f) postal	**посылка** (ж)	[pɑ'sɪlkə]
remessa (f) de dinheiro	**денежный перевод** (м)	['deneʒnɪj piri'vɔt]
receber (vt)	**получить**	[pɑlu'ʧitʲ]
enviar (vt)	**отправить**	[ɑtp'rɑwitʲ]
envio (m)	**отправка** (ж)	[ɑtp'rɑfkə]
endereço (m)	**адрес** (м)	['ɑdres]
código (m) postal	**индекс** (м)	['indɛks]
remetente (m)	**отправитель** (м)	[ɑtprɑ'witeʎ]
destinatário (m)	**получатель** (м)	[pɑlu'ʧateʎ]
nome (m)	**имя** (с)	['imʲa]
apelido (m)	**фамилия** (ж)	[fɑ'milija]
tarifa (f)	**тариф** (м)	[tɑ'rif]
normal	**обычный**	[ɑ'bɪʧnɪj]
económico	**экономичный**	[ikɑnɑ'miʧnɪj]
peso (m)	**вес** (м)	[wes]
pesar (estabelecer o peso)	**взвешивать**	[vz'weʃɪvɑtʲ]
envelope (m)	**конверт** (м)	[kɑn'wert]

| selo (m) | марка (ж) | ['markə] |
| colar o selo | наклеивать марку | [nak'leivatʲ 'markʊ] |

43. Banca

| banco (m) | банк (м) | [bank] |
| sucursal, balcão (f) | отделение (с) | [addi'lenie] |

| consultor (m) | консультант (м) | [kansʊʎ'tant] |
| gerente (m) | управляющий (м) | [upravʎajuɕij] |

conta (f)	счёт (м)	['ɕɜt]
número (m) da conta	номер (м) счёта	['nɔmer 'ɕɜtə]
conta (f) corrente	текущий счёт (м)	[te'kʊɕij 'ɕɜt]
conta (f) poupança	накопительный счёт (м)	[naka'piteʎnıj 'ɕɜt]

abrir uma conta	открыть счёт	[atkrıtʲ 'ɕɜt]
fechar uma conta	закрыть счёт	[zak'rıtʲ 'ɕɜt]
depositar na conta	положить на счёт	[pala'ʒitʲ na 'ɕɜt]
levantar (vt)	снять со счёта	[s'ɲatʲ sa 'ɕɜtə]

| depósito (m) | вклад (м) | [vklat] |
| fazer um depósito | сделать вклад | [z'delatʲ fklat] |

| transferência (f) bancária | перевод (м) | [pere'vɔt] |
| transferir (vt) | сделать перевод | [z'delatʲ pere'vɔt] |

| soma (f) | сумма (ж) | ['sʊmmə] |
| Quanto? | Сколько? | [s'kɔʎka] |

| assinatura (f) | подпись (ж) | ['pɔtpisʲ] |
| assinar (vt) | подписать | [patpi'satʲ] |

| cartão (m) de crédito | кредитная карта (ж) | [kri'ditnaja 'kartə] |
| código (m) | код (м) | [kɔt] |

| número (m) do cartão de crédito | номер (м) кредитной карты | ['nɔmer kre'ditnaj 'kartı] |
| Caixa Multibanco (m) | банкомат (м) | [banka'mat] |

cheque (m)	чек (м)	[ʧek]
passar um cheque	выписать чек	['vıpisatʲ ʧek]
livro (m) de cheques	чековая книжка (ж)	['ʧekavaja k'niʃkə]

| empréstimo (m) | кредит (м) | [kri'dit] |
| pedir um empréstimo | обращаться за кредитом | [abra'ɕatsa za kre'ditam] |

obter um empréstimo	брать кредит	[bratʲ kre'dit]
conceder um empréstimo	предоставлять кредит	[pridastav'ʎatʲ kri'dit]
garantia (f)	гарантия (ж)	[ga'rantija]

44. Telefone. Conversação telefónica

telefone (m)	**телефон** (м)	[tile'fɔn]
telemóvel (m)	**мобильный телефон** (м)	[mɑ'biʎnɪj tele'fɔn]
atendedor (m) de chamadas	**автоответчик** (м)	[ɑftɑɑt'wetʃik]
fazer uma chamada	**звонить**	[zvɑ'nitʲ]
chamada (f)	**звонок** (м)	[zvɑ'nɔk]
marcar um número	**набрать номер**	[nɑb'rɑtʲ 'nɔmer]
Alô!	**Алло!**	[ɑ'lɔ]
perguntar (vt)	**спросить**	[sprɑ'sitʲ]
responder (vt)	**ответить**	[ɑt'wetitʲ]
ouvir (vt)	**слышать**	[s'lɪʃʌtʲ]
bem	**хорошо**	[hɑrɑ'ʃɔ]
mal	**плохо**	[p'lɔhə]
ruído (m)	**помехи** (ж мн)	[pɑ'mehi]
auscultador (m)	**трубка** (ж)	[t'rʊpkə]
pegar o telefone	**снять трубку**	[sɲatʲ t'rʊpkʊ]
desligar (vi)	**положить трубку**	[pɑlɑ'ʒitʲ t'rʊpkʊ]
ocupado	**занятый**	['zɑnitɪj]
tocar (vi)	**звонить**	[zvɑ'nitʲ]
lista (f) telefónica	**телефонная книга** (ж)	[tele'fɔnnaja k'nigə]
local	**местный**	['mesnɪj]
chamada (f) local	**местный звонок** (м)	['mesnɪj zvɑ'nɔk]
para outra cidade	**междугородний**	[miʒdʊgɑ'rɔdnij]
chamada (f) para outra cidade	**междугородний звонок** (м)	[miʒdʊgɑ'rɔdnij zvɑ'nɔk]
internacional	**международный**	[miʒdʊnɑ'rɔdnɪj]
chamada (f) internacional	**международный звонок**	[miʒdʊnɑ'rɔdnɪj zvɑ'nɔk]

45. Telefone móvel

telemóvel (m)	**мобильный телефон** (м)	[mɑ'biʎnɪj tele'fɔn]
ecrã (m)	**дисплей** (м)	[disp'lej]
botão (m)	**кнопка** (ж)	[k'nɔpkə]
cartão SIM (m)	**SIM-карта** (ж)	[sim 'kɑrtə]
bateria (f)	**батарея** (ж)	[bɑtɑ'reja]
descarregar-se	**разрядиться**	[rɑzri'ditsə]
carregador (m)	**зарядное устройство** (с)	[zɑ'rʲadnɑe ust'rɔjstvə]
menu (m)	**меню** (с)	[mi'ny]
definições (f pl)	**настройки** (ж мн)	[nɑst'rɔjki]

| melodia (f) | мелодия (ж) | [mi'lɔdija] |
| escolher (vt) | выбрать | ['vɪbratʲ] |

calculadora (f)	калькулятор (м)	[kaʎkʊ'ʎatar]
atendedor (m) de chamadas	автоответчик (м)	[aftaat'wetʃik]
despertador (m)	будильник (м)	[bʊ'diʎnik]
contatos (m pl)	телефонная книга (ж)	[tele'fɔnnaja k'nigə]

| mensagem (f) de texto | SMS-сообщение (с) | [ɛsɛ'mɛs saap'ɕenie] |
| assinante (m) | абонент (м) | [aba'nent] |

46. Estacionário

| caneta (f) | шариковая ручка | ['ʃʌrikɔvaja 'rʊtʃka] |
| caneta (f) tinteiro | перьевая ручка | [pirje'vaja 'rʊtʃka] |

lápis (m)	карандаш (м)	[karan'daʃ]
marcador (m)	маркер (м)	['marker]
caneta (f) de feltro	фломастер (м)	[fla'master]

| bloco (m) de notas | блокнот (м) | [blak'nɔt] |
| agenda (f) | ежедневник (м) | [eʒɪd'nevnik] |

régua (f)	линейка (ж)	[li'nejkə]
calculadora (f)	калькулятор (м)	[kaʎkʊ'ʎatar]
borracha (f)	ластик (м)	['lastik]
pionés (m)	кнопка (ж)	[k'nɔpkə]
clipe (m)	скрепка (ж)	[sk'repkə]

cola (f)	клей (м)	[klej]
agrafador (m)	степлер (м)	[s'tepler]
furador (m)	дырокол (м)	[dɪra'kɔl]
afia-lápis (m)	точилка (ж)	[ta'tʃilkə]

47. Línguas estrangeiras

língua (f)	язык (м)	[ja'zɪk]
estrangeiro	иностранный	[inast'rannɪj]
língua (f) estrangeira	иностранный язык (м)	[inast'rannɪj ja'zɪk]
estudar (vt)	изучать	[izu'tʃatʲ]
aprender (vt)	учить	[u'tʃitʲ]

ler (vt)	читать	[tʃi'tatʲ]
falar (vi)	говорить	[gava'ritʲ]
compreender (vt)	понимать	[pani'matʲ]
escrever (vt)	писать	[pi'satʲ]
rapidamente	быстро	['bɪstrə]

devagar	**медленно**	['medlenə]
fluentemente	**свободно**	[sva'bɔdnə]
regras (f pl)	**правила** (с мн)	[p'rawilə]
gramática (f)	**грамматика** (ж)	[gra'matikə]
léxico (m)	**лексика** (ж)	['leksikə]
fonética (f)	**фонетика** (ж)	[fa'nɛtikə]
manual (m) escolar	**учебник** (м)	[u'ʧebnik]
dicionário (m)	**словарь** (м)	[sla'varʲ]
manual (m) de autoaprendizagem	**самоучитель** (м)	[samau'ʧiteʎ]
guia (m) de conversação	**разговорник** (м)	[razga'vɔrnik]
cassete (f)	**кассета** (ж)	[ka'setə]
cassete (f) de vídeo	**видеокассета** (ж)	[wideaka'setə]
CD (m)	**компакт диск** (м)	[kam'pakt disk]
DVD (m)	**DVD-диск** (м)	[diwi'di 'disk]
alfabeto (m)	**алфавит** (м)	[alfa'wit]
soletrar (vt)	**говорить по буквам**	[gava'ritʲ pa 'bʊkvam]
pronúncia (f)	**произношение** (с)	[praizna'ʃɛnie]
sotaque (m)	**акцент** (м)	[ak'ʦənt]
com sotaque	**с акцентом**	[s ak'ʦəntam]
sem sotaque	**без акцента**	[bez ak'ʦəntə]
palavra (f)	**слово** (с)	[s'lɔvə]
sentido (m)	**смысл** (м)	[smɪsl]
cursos (m pl)	**курсы** (мн)	['kʊrsɪ]
inscrever-se (vp)	**записаться**	[zapi'saʦə]
professor (m)	**преподаватель** (м)	[pripada'vateʎ]
tradução (processo)	**перевод** (м)	[pere'vɔt]
tradução (texto)	**перевод** (м)	[pere'vɔt]
tradutor (m)	**переводчик** (м)	[pire'vɔʧik]
intérprete (m)	**переводчик** (м)	[pire'vɔʧik]
poliglota (m)	**полиглот** (м)	[palig'lɔt]
memória (f)	**память** (ж)	['pamitʲ]

T&P BOOKS

REFEIÇÕES.
RESTAURANTE

T&P Books Publishing

48. Por a mesa

colher (f)	ложка (ж)	['lɔʃkə]
faca (f)	нож (м)	[nɔʃ]
garfo (m)	вилка (ж)	['wilkə]
chávena (f)	чашка (ж)	['ʧaʃkə]
prato (m)	тарелка (ж)	[ta'relkə]
pires (m)	блюдце (с)	[b'lytse]
guardanapo (m)	салфетка (ж)	[sal'fetkə]
palito (m)	зубочистка (ж)	[zuba'ʧistkə]

49. Restaurante

restaurante (m)	ресторан (м)	[rista'ran]
café (m)	кофейня (ж)	[ka'fejɲa]
bar (m)	бар (м)	[bar]
salão (m) de chá	чайный салон (м)	['ʧajnɪj sa'lɔn]

empregado (m) de mesa	официант (м)	[afiʦɪ'ant]
empregada (f) de mesa	официантка (ж)	[afiʦɪ'antkə]
barman (m)	бармен (м)	[bar'men]

ementa (f)	меню (с)	[mi'ny]
lista (f) de vinhos	карта (ж) вин	['karta win]
reservar uma mesa	забронировать столик	[zabra'niravatʲ s'tɔlik]
prato (m)	блюдо (с)	[b'lydə]
pedir (vt)	заказать	[zaka'zatʲ]
fazer o pedido	сделать заказ	[s'delatʲ za'kas]

aperitivo (m)	аперитив (м)	[apiri'tif]
entrada (f)	закуска (ж)	[za'kuskə]
sobremesa (f)	десерт (м)	[di'sert]

conta (f)	счёт (м)	['ɕɜt]
pagar a conta	оплатить счёт	[apla'titʲ 'ɕɜt]
dar o troco	дать сдачу	[datʲ s'daʧu]
gorjeta (f)	чаевые (мн)	[ʧii'vɪe]

50. Refeições

comida (f)	еда (ж)	[e'da]
comer (vt)	есть	[estʲ]

pequeno-almoço (m)	**завтрак** (м)	['zaftrak]
tomar o pequeno-almoço	**завтракать**	['zaftrakatʲ]
almoço (m)	**обед** (м)	[a'bet]
almoçar (vi)	**обедать**	[a'bedatʲ]
jantar (m)	**ужин** (м)	['uʒɪn]
jantar (vi)	**ужинать**	['uʒɪnatʲ]
apetite (m)	**аппетит** (м)	[api'tit]
Bom apetite!	**Приятного аппетита!**	[pri'jatnava ape'tita]
abrir (~ uma lata, etc.)	**открывать**	[atkrɪ'vatʲ]
derramar (vt)	**пролить**	[pra'litʲ]
derramar-se (vp)	**пролиться**	[pra'litsə]
estar a ferver (água)	**кипеть**	[ki'petʲ]
ferver (vt)	**кипятить**	[kipi'titʲ]
fervido	**кипячёный**	[kipi'ʧɔnɪj]
arrefecer (vt)	**охладить**	[ahla'ditʲ]
arrefecer-se (vp)	**охлаждаться**	[ahlaʒ'datsə]
sabor, gosto (m)	**вкус** (м)	[fkʊs]
gostinho (m)	**привкус** (м)	[p'rifkʊs]
fazer dieta	**худеть**	[hʊ'detʲ]
dieta (f)	**диета** (ж)	[di'etə]
vitamina (f)	**витамин** (м)	[wita'min]
caloria (f)	**калория** (ж)	[ka'lɔrija]
vegetariano (m)	**вегетарианец** (м)	[wigitari'anets]
vegetariano	**вегетарианский**	[wigitari'anskij]
gorduras (f pl)	**жиры** (мн)	[ʒɪ'rɪ]
proteínas (f pl)	**белки** (мн)	[bil'ki]
hidratos (m pl) de carbono	**углеводы** (мн)	[ugle'vɔdɪ]
fatia (~ de limão, etc.)	**ломтик** (м)	['lɔmtik]
pedaço (~ de bolo)	**кусок** (м)	[kʊ'sɔk]
migalha (f)	**крошка** (ж)	[k'rɔʃkə]

51. Pratos cozinhados

prato (m)	**блюдо** (с)	[b'lydə]
cozinha (~ portuguesa)	**кухня** (ж)	['kʊhɲa]
receita (f)	**рецепт** (м)	[ri'tsəpt]
porção (f)	**порция** (ж)	['pɔrtsɪja]
salada (f)	**салат** (м)	[sa'lat]
sopa (f)	**суп** (м)	[sʊp]
caldo (m)	**бульон** (м)	[bʊ'ʎjon]
sandes (f)	**бутерброд** (м)	[bʊterb'rɔt]
ovos (m pl) estrelados	**яичница** (ж)	[i'iʃnitsə]

croquete (m)	**котлета** (ж)	[kat'letə]
hambúrguer (m)	**гамбургер** (м)	['gambʊrger]
bife (m)	**бифштекс** (м)	[bifʃ'tɛks]
guisado (m)	**жаркое** (с)	[ʒar'kɔe]
conduto (m)	**гарнир** (м)	[gar'nir]
espaguete (m)	**спагетти** (мн)	[spa'getti]
puré (m) de batata	**картофельное пюре** (с)	[kar'tɔfeʎnae py'rɛ]
pizza (f)	**пицца** (ж)	['piʦə]
papa (f)	**каша** (ж)	['kaʃə]
omelete (f)	**омлет** (м)	[am'let]
cozido em água	**варёный**	[va'rɜnɪj]
fumado	**копчёный**	[kap'ʧɔnɪj]
frito	**жареный**	['ʒarenɪj]
seco	**сушёный**	[sʊ'ʃɔnɪj]
congelado	**замороженный**	[zama'rɔʒɪnɪj]
em vinagre	**маринованный**	[mari'nɔvanɪj]
doce (açucarado)	**сладкий**	[s'latkij]
salgado	**солёный**	[sa'lɜnɪj]
frio	**холодный**	[ha'lɔdnɪj]
quente	**горячий**	[ga'rʲaʧij]
amargo	**горький**	['gɔrʲkij]
gostoso	**вкусный**	[f'kʊsnɪj]
cozinhar (em água a ferver)	**варить**	[va'ritʲ]
fazer, preparar (vt)	**готовить**	[ga'tɔwitʲ]
fritar (vt)	**жарить**	['ʒaritʲ]
aquecer (vt)	**разогревать**	[razagre'vatʲ]
salgar (vt)	**солить**	[sa'litʲ]
apimentar (vt)	**перчить**	[pir'ʧitʲ]
ralar (vt)	**тереть**	[ti'retʲ]
casca (f)	**кожура** (ж)	[kaʒu'ra]
descascar (vt)	**чистить**	['ʧistitʲ]

52. Comida

carne (f)	**мясо** (с)	['mʲasə]
galinha (f)	**курица** (ж)	['kʊriʦə]
frango (m)	**цыплёнок** (м)	[ʦɪp'lɜnak]
pato (m)	**утка** (ж)	['utkə]
ganso (m)	**гусь** (м)	[gʊsʲ]
caça (f)	**дичь** (ж)	[diʧ]
peru (m)	**индейка** (ж)	[in'dejkə]
carne (f) de porco	**свинина** (ж)	[swi'ninə]
carne (f) de vitela	**телятина** (ж)	[ti'ʎatinə]

carne (f) de carneiro	**баранина** (ж)	[ba'raninə]
carne (f) de vaca	**говядина** (ж)	[ga'vʲadinə]
carne (f) de coelho	**кролик** (м)	[k'rɔlik]
chouriço (m)	**колбаса** (ж)	[kalba'sa]
salsicha (f)	**сосиска** (ж)	[sa'siskə]
bacon (m)	**бекон** (м)	[bi'kɔn]
fiambre (f)	**ветчина** (ж)	[witʧi'na]
presunto (m)	**окорок** (м)	['ɔkarak]
patê (m)	**паштет** (м)	[paʃ'tet]
iscas (f pl)	**печень** (ж)	['petʃeɲ]
toucinho (m)	**сало** (с)	['salə]
carne (f) moída	**фарш** (м)	[farʃ]
língua (f)	**язык** (м)	[ja'zɪk]
ovo (m)	**яйцо** (с)	[jaj'tsɔ]
ovos (m pl)	**яйца** (мн)	['jajtsə]
clara (f) do ovo	**белок** (м)	[bi'lɔk]
gema (f) do ovo	**желток** (м)	[ʒɪl'tɔk]
peixe (m)	**рыба** (ж)	['rɪbə]
marisco (m)	**морепродукты** (мн)	[marepra'dʊktɪ]
crustáceos (m pl)	**ракообразные** (мн)	[rakaab'raznɪe]
caviar (m)	**икра** (ж)	[ik'ra]
caranguejo (m)	**краб** (м)	[krap]
camarão (m)	**креветка** (ж)	[kri'wetkə]
ostra (f)	**устрица** (ж)	['ustritsə]
lagosta (f)	**лангуст** (м)	[la'ŋust]
polvo (m)	**осьминог** (м)	[asʲmi'nɔk]
lula (f)	**кальмар** (м)	[kaʎ'mar]
esturjão (m)	**осетрина** (ж)	[asit'rinə]
salmão (m)	**лосось** (м)	[la'sɔsʲ]
halibute (m)	**палтус** (м)	['paltʊs]
bacalhau (m)	**треска** (ж)	[tris'ka]
cavala (m), sarda (f)	**скумбрия** (ж)	[s'kʊmbrija]
atum (m)	**тунец** (м)	[tʊ'nets]
enguia (f)	**угорь** (м)	['ugarʲ]
truta (f)	**форель** (ж)	[fa'reʎ]
sardinha (f)	**сардина** (ж)	[sar'dinə]
lúcio (m)	**щука** (ж)	['ɕukə]
arenque (m)	**сельдь** (ж)	[seʎtʲ]
pão (m)	**хлеб** (м)	[hlep]
queijo (m)	**сыр** (м)	[sɪr]
açúcar (m)	**сахар** (м)	['sahar]
sal (m)	**соль** (ж)	[sɔʎ]
arroz (m)	**рис** (м)	[ris]

| massas (f pl) | макароны (мн) | [mɑkɑ'rɔnɪ] |
| talharim (m) | лапша (ж) | [lɑp'ʃʌ] |

manteiga (f)	сливочное масло (c)	[s'livɑtʃnɑe 'mɑslə]
óleo (m)	растительное масло (c)	[rɑs'titeʌnɑe 'mɑslə]
óleo (m) de girassol	подсолнечное масло (c)	[pɑ'tsɔlnetʃnɑe 'mɑslə]
margarina (f)	маргарин (м)	[mɑrgɑ'rin]

| azeitonas (f pl) | оливки (мн) | [ɑ'lifki] |
| azeite (m) | оливковое масло (c) | [ɑ'lifkɑvɑe 'mɑslə] |

leite (m)	молоко (c)	[mɑlɑ'kɔ]
leite (m) condensado	сгущённое молоко (c)	[sgʊ'ɕɜnɑe mɑlɑ'kɔ]
iogurte (m)	йогурт (м)	['jogʊrt]
creme (m) azedo	сметана (ж)	[smi'tɑnə]
nata (f) do leite	сливки (мн)	[s'lifki]

| maionese (f) | майонез (м) | [mɑi'nɛs] |
| creme (m) | крем (м) | [krem] |

grãos (m pl) de cereais	крупа (ж)	[krʊ'pɑ]
farinha (f)	мука (ж)	[mʊ'kɑ]
conservas (f pl)	консервы (мн)	[kɑn'servɪ]

flocos (m pl) de milho	кукурузные хлопья (мн)	[kʊkʊ'rʊznɪe h'lɔpjɑ]
mel (m)	мёд (м)	['mɔt]
doce (m)	джем, конфитюр	[dʒɛm], [kɑnfi'tyr]
pastilha (f) elástica	жевательная резинка (м)	[ʒɪ'vɑteʌnɑjɑ re'zinkə]

53. Bebidas

água (f)	вода (ж)	[vɑ'dɑ]
água (f) potável	питьевая вода (ж)	[pitje'vɑjɑ vɑ'dɑ]
água (f) mineral	минеральная вода (ж)	[mini'rɑʌnɑjɑ vɑ'dɑ]

sem gás	без газа	[bez 'gɑzə]
gaseificada	газированная	[gɑzi'rɔvɑnɑjɑ]
com gás	с газом	[s gɑzɑm]
gelo (m)	лёд (м)	['lɔt]
com gelo	со льдом	[sɑʌ'dɔm]

sem álcool	безалкогольный	[bizɑlkɑ'gɔʌnɪj]
bebida (f) sem álcool	безалкогольный напиток (м)	[bizɑlkɑ'gɔʌnɪj nɑ'pitɑk]
refresco (m)	прохладительный напиток (м)	[prɑhlɑ'diteʌnɪj nɑ'pitɑk]
limonada (f)	лимонад (м)	[limɑ'nɑt]
bebidas (f pl) alcoólicas	алкогольные напитки (мн)	[ɑlkɑ'gɔʌnɪe nɑ'pitki]

vinho (m)	вино (c)	[wi'nɔ]
vinho (m) branco	белое вино (c)	['belae wi'nɔ]
vinho (m) tinto	красное вино (c)	[k'rasnae wi'nɔ]

licor (m)	ликёр (м)	[li'kɜr]
champanhe (m)	шампанское (c)	[ʃʌm'panskae]
vermute (m)	вермут (м)	['wermʊt]

uísque (m)	виски (c)	['wiski]
vodka (f)	водка (ж)	['vɔtkə]
gim (m)	джин (м)	[dʒɪn]
conhaque (m)	коньяк (м)	[ka'njɑk]
rum (m)	ром (м)	[rɔm]

café (m)	кофе (м)	['kɔfe]
café (m) puro	чёрный кофе (м)	['tʃɔrnɪj 'kɔfe]
café (m) com leite	кофе (м) с молоком	['kɔfe s mala'kɔm]
cappuccino (m)	кофе (м) со сливками	['kɔfe sa s'lifkami]
café (m) solúvel	растворимый кофе (м)	[rastva'rimɪj 'kɔfe]

leite (m)	молоко (c)	[mala'kɔ]
coquetel (m)	коктейль (м)	[kak'tɛjʎ]
batido (m) de leite	молочный коктейль (м)	[ma'lɔtʃnɪj kak'tɛjʎ]

sumo (m)	сок (м)	[sɔk]
sumo (m) de tomate	томатный сок (м)	[ta'matnɪj sɔk]
sumo (m) de laranja	апельсиновый сок (м)	[apiʎ'sinavɪj sɔk]
sumo (m) fresco	свежевыжатый сок (м)	[sweʒɛ'vɪʒatɪj sɔk]

cerveja (f)	пиво (c)	['pivə]
cerveja (f) clara	светлое пиво (c)	[s'wetlae 'pivə]
cerveja (m) preta	тёмное пиво (c)	['tɜmnae 'pivə]

chá (m)	чай (м)	[tʃaj]
chá (m) preto	чёрный чай (м)	['tʃɔrnɪj tʃaj]
chá (m) verde	зелёный чай (м)	[zi'lɜnɪj tʃaj]

54. Vegetais

| legumes (m pl) | овощи (м мн) | ['ɔvaɕi] |
| verduras (f pl) | зелень (ж) | ['zeleɲ] |

tomate (m)	помидор (м)	[pami'dɔr]
pepino (m)	огурец (м)	[agʊ'rets]
cenoura (f)	морковь (ж)	[mar'kɔfʲ]
batata (f)	картофель (м)	[kar'tɔfeʎ]
cebola (f)	лук (м)	[luk]
alho (m)	чеснок (м)	[tʃis'nɔk]
couve (f)	капуста (ж)	[ka'pʊstə]
couve-flor (f)	цветная капуста (ж)	[tswet'naja ka'pʊstə]

couve-de-bruxelas (f)	**брюссельская капуста** (ж)	[bry'seʎskaja ka'pʊstə]
brócolos (m pl)	**капуста брокколи** (ж)	[ka'pʊsta b'rɔkali]
beterraba (f)	**свёкла** (ж)	['swɜklə]
beringela (f)	**баклажан** (м)	[bakla'ʒan]
curgete (f)	**кабачок** (м)	[kaba'ʧɔk]
abóbora (f)	**тыква** (ж)	['tıkvə]
nabo (m)	**репа** (ж)	['repə]
salsa (f)	**петрушка** (ж)	[pit'rʊʃkə]
funcho, endro (m)	**укроп** (м)	[uk'rɔp]
alface (f)	**салат** (м)	[sa'lat]
aipo (m)	**сельдерей** (м)	[siʎde'rej]
espargo (m)	**спаржа** (ж)	[s'parʒə]
espinafre (m)	**шпинат** (м)	[ʃpi'nat]
ervilha (f)	**горох** (м)	[ga'rɔh]
fava (f)	**бобы** (мн)	[ba'bı]
milho (m)	**кукуруза** (ж)	[kʊkʊ'rʊzə]
feijão (m)	**фасоль** (ж)	[fa'sɔʎ]
pimentão (m)	**перец** (м)	['perets]
rabanete (m)	**редис** (м)	[ri'dis]
alcachofra (f)	**артишок** (м)	[arti'ʃɔk]

55. Frutos. Nozes

fruta (f)	**фрукт** (м)	[frʊkt]
maçã (f)	**яблоко** (с)	['jablakə]
pera (f)	**груша** (ж)	[g'rʊʃə]
limão (m)	**лимон** (м)	[li'mɔn]
laranja (f)	**апельсин** (м)	[apiʎ'sin]
morango (m)	**клубника** (ж)	[klub'nikə]
tangerina (f)	**мандарин** (м)	[manda'rin]
ameixa (f)	**слива** (ж)	[s'livə]
pêssego (m)	**персик** (м)	['persik]
damasco (m)	**абрикос** (м)	[abri'kɔs]
framboesa (f)	**малина** (ж)	[ma'linə]
ananás (m)	**ананас** (м)	[ana'nas]
banana (f)	**банан** (м)	[ba'nan]
melancia (f)	**арбуз** (м)	[ar'bʊs]
uva (f)	**виноград** (м)	[winag'rat]
ginja (f)	**вишня** (ж)	['wiʃɲa]
cereja (f)	**черешня** (ж)	[ʧi'reʃɲa]
meloa (f)	**дыня** (ж)	['dıɲa]
toranja (f)	**грейпфрут** (м)	[gripf'rʊt]
abacate (m)	**авокадо** (с)	[ava'kadə]

papaia (f)	**папайя** (ж)	[pa'paja]
manga (f)	**манго** (с)	['mahgə]
romã (f)	**гранат** (м)	[gra'nat]
groselha (f) vermelha	**красная смородина** (ж)	[k'rasnaja sma'rɔdinə]
groselha (f) preta	**чёрная смородина** (ж)	['ʧɔrnaja sma'rɔdinə]
groselha (f) espinhosa	**крыжовник** (м)	[krɪ'ʒɔvnik]
mirtilo (m)	**черника** (ж)	[ʧir'nikə]
amora silvestre (f)	**ежевика** (ж)	[eʒɪ'wikə]
uvas (f pl) passas	**изюм** (м)	[i'zym]
figo (m)	**инжир** (м)	[in'ʒir]
tâmara (f)	**финик** (м)	['finik]
amendoim (m)	**арахис** (м)	[a'rahis]
amêndoa (f)	**миндаль** (м)	[min'daʎ]
noz (f)	**грецкий орех** (м)	[g'retskij a'reh]
avelã (f)	**лесной орех** (м)	[lis'nɔj a'reh]
coco (m)	**кокосовый орех** (м)	[ka'kɔsavɪj a'reh]
pistáchios (m pl)	**фисташки** (мн)	[fis'taʃki]

56. Pão. Bolaria

pastelaria (f)	**кондитерские изделия** (мн)	[kan'diterskie iz'delija]
pão (m)	**хлеб** (м)	[hlep]
bolacha (f)	**печенье** (с)	[pi'ʧeɲje]
chocolate (m)	**шоколад** (м)	[ʃʌka'lat]
de chocolate	**шоколадный**	[ʃʌka'ladnɪj]
rebuçado (m)	**конфета** (ж)	[kan'fetə]
bolo (cupcake, etc.)	**пирожное** (с)	[pi'rɔʒnae]
bolo (m) de aniversário	**торт** (м)	[tɔrt]
tarte (~ de maçã)	**пирог** (м)	[pi'rɔk]
recheio (m)	**начинка** (ж)	[na'ʧinkə]
doce (m)	**варенье** (с)	[va'reɲje]
geleia (f) de frutas	**мармелад** (м)	[marme'lat]
waffle (m)	**вафли** (мн)	['vafli]
gelado (m)	**мороженое** (с)	[ma'rɔʒnae]
pudim (m)	**пудинг** (м)	['pʊdink]

57. Especiarias

sal (m)	**соль** (ж)	[sɔʎ]
salgado	**солёный**	[sa'lɜnɪj]
salgar (vt)	**солить**	[sa'litʲ]

pimenta (f) preta	**чёрный перец** (м)	['ʧɔrnıj 'perets]
pimenta (f) vermelha	**красный перец** (м)	[k'rasnıj 'perets]
mostarda (f)	**горчица** (ж)	[gar'ʧitsə]
raiz-forte (f)	**хрен** (м)	[hren]
condimento (m)	**приправа** (ж)	[prip'ravə]
especiaria (f)	**пряность** (ж)	[p'rʲanastʲ]
molho (m)	**соус** (м)	['sɔus]
vinagre (m)	**уксус** (м)	['uksʊs]
anis (m)	**анис** (м)	[a'nis]
manjericão (m)	**базилик** (м)	[bazi'lik]
cravo (m)	**гвоздика** (ж)	[gvaz'dikə]
gengibre (m)	**имбирь** (м)	[im'birʲ]
coentro (m)	**кориандр** (м)	[kari'andr]
canela (f)	**корица** (ж)	[ka'ritsə]
sésamo (m)	**кунжут** (м)	[kʊn'ʒut]
folhas (f pl) de louro	**лавровый лист** (м)	[lav'rɔvıj list]
páprica (f)	**паприка** (ж)	['paprikə]
cominho (m)	**тмин** (м)	[tmin]
açafrão (m)	**шафран** (м)	[ʃʌf'ran]

T&P BOOKS

INFORMAÇÃO PESSOAL. FAMÍLIA

T&P Books Publishing

58. Informação pessoal. Formulários

nome (m)	**имя** (с)	['imʲa]
apelido (m)	**фамилия** (ж)	[fa'milija]
data (f) de nascimento	**дата** (ж) **рождения**	['data raʒ'denija]
local (m) de nascimento	**место** (с) **рождения**	['mesta raʒ'denija]
nacionalidade (f)	**национальность** (ж)	[natsɪa'naʎnastʲ]
lugar (m) de residência	**место** (с) **жительства**	['mesta 'ʒiteʎstvə]
país (m)	**страна** (ж)	[stra'na]
profissão (f)	**профессия** (ж)	[pra'fesija]
sexo (m)	**пол** (м)	[pɔl]
estatura (f)	**рост** (м)	[rɔst]
peso (m)	**вес** (м)	[wes]

59. Membros da família. Parentes

mãe (f)	**мать** (ж)	[matʲ]
pai (m)	**отец** (м)	[a'ʦets]
filho (m)	**сын** (м)	[sɪn]
filha (f)	**дочь** (ж)	[dɔʧ]
filha (f) mais nova	**младшая дочь** (ж)	[m'latʃʌja dɔʧ]
filho (m) mais novo	**младший сын** (м)	[m'latʃɪj sɪn]
filha (f) mais velha	**старшая дочь** (ж)	[s'tarʃʌja dɔʧ]
filho (m) mais velho	**старший сын** (м)	[s'tarʃɪj sɪn]
irmão (m)	**брат** (м)	[brat]
irmã (f)	**сестра** (ж)	[sist'ra]
primo (m)	**двоюродный брат** (м)	[dva'juradnɪj brat]
prima (f)	**двоюродная сестра** (ж)	[dva'juradnaja sist'ra]
mamã (f)	**мама** (ж)	['mamə]
papá (m)	**папа** (м)	['papə]
pais (pl)	**родители** (мн)	[ra'diteli]
criança (f)	**ребёнок** (м)	[ri'bɜnak]
crianças (f pl)	**дети** (мн)	['deti]
avó (f)	**бабушка** (ж)	['babʊʃkə]
avô (m)	**дедушка** (м)	['dedʊʃkə]
neto (m)	**внук** (м)	[vnʊk]
neta (f)	**внучка** (ж)	[v'nʊʧkə]
netos (pl)	**внуки** (мн)	[v'nʊki]

tio (m)	**дядя** (м)	['dʲadʲa]
tia (f)	**тётя** (ж)	['tɜtʲa]
sobrinho (m)	**племянник** (м)	[pli'mʲanik]
sobrinha (f)	**племянница** (ж)	[pli'mʲanitsə]
sogra (f)	**тёща** (ж)	['tɜɕə]
sogro (m)	**свёкор** (м)	['swɜkɑr]
genro (m)	**зять** (м)	[zʲatʲ]
madrasta (f)	**мачеха** (ж)	['mɑʧehə]
padrasto (m)	**отчим** (м)	['ɔʧim]
criança (f) de colo	**грудной ребенок** (м)	[grʊd'nɔj ri'bɜnɑk]
bebé (m)	**младенец** (м)	[mlɑ'denets]
menino (m)	**малыш** (м)	[mɑ'lɪʃ]
mulher (f)	**жена** (ж)	[ʒɪ'nɑ]
marido (m)	**муж** (м)	[mʊʃ]
esposo (m)	**супруг** (м)	[sʊp'rʊk]
esposa (f)	**супруга** (ж)	[sʊp'rʊgə]
casado	**женатый**	[ʒɪ'nɑtɪj]
casada	**замужняя**	[zɑ'mʊʒnija]
solteiro	**холостой**	[hɑlɑs'tɔj]
solteirão (m)	**холостяк** (м)	[hɑlɑs'tʲak]
divorciado	**разведённый**	[rɑzwe'dɜnɪj]
viúva (f)	**вдова** (ж)	[vdɑ'vɑ]
viúvo (m)	**вдовец** (м)	[vdɑ'wets]
parente (m)	**родственник** (м)	['rɔtstwenik]
parente (m) próximo	**близкий родственник** (м)	[b'liskij 'rɔtstwenik]
parente (m) distante	**дальний родственник** (м)	['dɑʎnij 'rɔtstwenik]
parentes (m pl)	**родные** (мн)	[rɑd'nɪe]
órfão (m)	**сирота** (м)	[sirɑ'tɑ]
órfã (f)	**сирота** (ж)	[sirɑ'tɑ]
tutor (m)	**опекун** (м)	[ɑpi'kʊn]
adotar (um filho)	**усыновить**	[usɪnɑ'witʲ]
adotar (uma filha)	**удочерить**	[udɑʧe'ritʲ]

60. Amigos. Colegas de trabalho

amigo (m)	**друг** (м)	[drʊk]
amiga (f)	**подруга** (ж)	[pɑd'rʊgə]
amizade (f)	**дружба** (ж)	[d'rʊʒbə]
ser amigos	**дружить**	[drʊ'ʒitʲ]
amigo (m)	**приятель** (м)	[pri'jateʎ]
amiga (f)	**приятельница** (ж)	[pri'jateʎnitsə]

parceiro (m)	**партнёр** (м)	[part'nзr]
chefe (m)	**шеф** (м)	[ʃəf]
superior (m)	**начальник** (м)	[na'ʧaʎnik]
proprietário (m)	**владелец** (м)	[vla'delets]
subordinado (m)	**подчинённый** (м)	[patʧi'nзnnɪj]
colega (m)	**коллега** (м)	[ka'legə]
conhecido (m)	**знакомый** (м)	[zna'kɔmɪj]
companheiro (m) de viagem	**попутчик** (м)	[pa'pʊʧik]
colega (m) de classe	**одноклассник** (м)	[adnak'lasnik]
vizinho (m)	**сосед** (м)	[sa'set]
vizinha (f)	**соседка** (ж)	[sa'setkə]
vizinhos (pl)	**соседи** (мн)	[sa'sedi]

BOOKS

CORPO HUMANO. MEDICINA

T&P Books Publishing

61. Cabeça

cabeça (f)	**голова** (ж)	[gala'va]
cara (f)	**лицо** (с)	[li'tsɔ]
nariz (m)	**нос** (м)	[nɔs]
boca (f)	**рот** (м)	[rɔt]
olho (m)	**глаз** (м)	[glas]
olhos (m pl)	**глаза** (мн)	[gla'za]
pupila (f)	**зрачок** (м)	[zra'tʃɔk]
sobrancelha (f)	**бровь** (ж)	[brɔfʲ]
pestana (f)	**ресница** (ж)	[ris'nitsə]
pálpebra (f)	**веко** (с)	['wekə]
língua (f)	**язык** (м)	[ja'zɪk]
dente (m)	**зуб** (м)	[zup]
lábios (m pl)	**губы** (мн)	['gʊbɪ]
maçãs (f pl) do rosto	**скулы** (мн)	[s'kʊlɪ]
gengiva (f)	**десна** (ж)	[dis'na]
céu (f) da boca	**нёбо** (с)	['nɜbə]
narinas (f pl)	**ноздри** (мн)	['nɔzdri]
queixo (m)	**подбородок** (м)	[padba'rɔdak]
mandíbula (f)	**челюсть** (ж)	['tʃelystʲ]
bochecha (f)	**щека** (ж)	[ɕi'ka]
testa (f)	**лоб** (м)	[lɔp]
têmpora (f)	**висок** (м)	[wi'sɔk]
orelha (f)	**ухо** (с)	['uhə]
nuca (f)	**затылок** (м)	[za'tɪlak]
pescoço (m)	**шея** (ж)	[ʃəja]
garganta (f)	**горло** (с)	['gɔrlə]
cabelos (m pl)	**волосы** (мн)	['vɔlasɪ]
penteado (m)	**причёска** (ж)	[pri'tʃɔskə]
corte (m) de cabelo	**стрижка** (ж)	[st'riʃkə]
peruca (f)	**парик** (м)	[pa'rik]
bigode (m)	**усы** (м мн)	[u'sɪ]
barba (f)	**борода** (ж)	[bara'da]
usar, ter (~ barba, etc.)	**носить**	[na'sitʲ]
trança (f)	**коса** (ж)	[ka'sa]
suíças (f pl)	**бакенбарды** (мн)	[bakin'bardɪ]
ruivo	**рыжий**	['rɪʒɪj]
grisalho	**седой**	[si'dɔj]

calvo	**лысый**	['lɪsɪj]
calva (f)	**лысина** (ж)	['lɪsinə]
rabo-de-cavalo (m)	**хвост** (м)	[hvɔst]
franja (f)	**чёлка** (ж)	['ʧɔlkə]

62. Corpo humano

mão (f)	**кисть** (ж)	[kistʲ]
braço (m)	**рука** (ж)	[rʊ'kɑ]
dedo (m)	**палец** (м)	['pɑlets]
polegar (m)	**большой палец** (м)	[bɑʎ'ʃɔj 'pɑlets]
dedo (m) mindinho	**мизинец** (м)	[mi'zinets]
unha (f)	**ноготь** (м)	['nɔgɑtʲ]
punho (m)	**кулак** (м)	[kʊ'lɑk]
palma (f) da mão	**ладонь** (ж)	[lɑ'dɔɲ]
pulso (m)	**запястье** (с)	[zɑ'pʲasʲtje]
antebraço (m)	**предплечье** (с)	[pritp'leʧje]
cotovelo (m)	**локоть** (м)	['lɔkɑtʲ]
ombro (m)	**плечо** (с)	[pli'ʧɔ]
perna (f)	**нога** (ж)	[nɑ'gɑ]
pé (m)	**ступня** (ж)	[stʊp'ɲa]
joelho (m)	**колено** (с)	[kɑ'lenə]
barriga (f) da perna	**икра** (ж)	[ik'rɑ]
anca (f)	**бедро** (с)	[bid'rɔ]
talão (m)	**пятка** (ж)	['pʲatkə]
corpo (m)	**тело** (с)	['telə]
barriga (f)	**живот** (м)	[ʒɪ'vɔt]
peito (m)	**грудь** (ж)	[grʊtʲ]
seio (m)	**грудь** (ж)	[grʊtʲ]
lado (m)	**бок** (м)	[bɔk]
costas (f pl)	**спина** (ж)	[spi'nɑ]
região (f) lombar	**поясница** (ж)	[pɑis'nitsə]
cintura (f)	**талия** (ж)	['tɑlija]
umbigo (m)	**пупок** (м)	[pʊ'pɔk]
nádegas (f pl)	**ягодицы** (мн)	[jagɑ'ditsɪ]
traseiro (m)	**зад** (м)	[zɑt]
sinal (m)	**родинка** (ж)	['rɔdinkə]
sinal (m) de nascença	**родимое пятно** (с)	[rɑ'dimɑe pit'nɔ]
tatuagem (f)	**татуировка** (ж)	[tɑtʊi'rɔfkə]
cicatriz (f)	**шрам** (м)	[ʃrɑm]

63. Doenças

doença (f)	**болезнь** (ж)	[bɑ'lezɲ]
estar doente	**болеть**	[bɑ'letʲ]
saúde (f)	**здоровье** (с)	[zdɑ'rɔvje]
nariz (m) a escorrer	**насморк** (м)	['nɑsmɑrk]
amigdalite (f)	**ангина** (ж)	[ɑ'ŋinə]
constipação (f)	**простуда** (ж)	[prɑs'tʊdə]
constipar-se (vp)	**простудиться**	[prɑstʊ'diʦə]
bronquite (f)	**бронхит** (м)	[brɑn'hit]
pneumonia (f)	**воспаление** (с) **лёгких**	[vɑspɑ'lenie 'lɜɦkih]
gripe (f)	**грипп** (м)	[grip]
míope	**близорукий**	[blizɑ'rʊkij]
presbita	**дальнозоркий**	[dɑʎnɑ'zɔrkij]
estrabismo (m)	**косоглазие** (с)	[kɑsɑg'lɑzie]
estrábico	**косоглазый**	[kɑsɑg'lɑzɪj]
catarata (f)	**катаракта** (ж)	[kɑtɑ'rɑktə]
glaucoma (m)	**глаукома** (ж)	[glɑu'kɔmə]
AVC (m), apoplexia (f)	**инсульт** (м)	[in'sʊʎt]
ataque (m) cardíaco	**инфаркт** (м)	[in'fɑrkt]
enfarte (m) do miocárdio	**инфаркт** (м) **миокарда**	[in'fɑrkt miɑ'kɑrdə]
paralisia (f)	**паралич** (м)	[pɑrɑ'liʧ]
paralisar (vt)	**парализовать**	[pɑrɑlizɑ'vɑtʲ]
alergia (f)	**аллергия** (ж)	[ɑlir'gijɑ]
asma (f)	**астма** (ж)	['ɑstmə]
diabetes (f)	**диабет** (м)	[diɑ'bet]
dor (f) de dentes	**зубная боль** (ж)	[zub'nɑjɑ bɔʎ]
cárie (f)	**кариес** (м)	['kɑries]
diarreia (f)	**диарея** (ж)	[diɑ'rejɑ]
prisão (f) de ventre	**запор** (м)	[zɑ'pɔr]
desarranjo (m) intestinal	**расстройство** (с) **желудка**	[rɑst'rɔjstvɑ ʒɛ'lutkə]
intoxicação (f) alimentar	**отравление** (с)	[ɑtrɑv'lenie]
intoxicar-se	**отравиться**	[ɑtrɑ'wiʦə]
artrite (f)	**артрит** (м)	[ɑrt'rit]
raquitismo (m)	**рахит** (м)	[rɑ'hit]
reumatismo (m)	**ревматизм** (м)	[rivmɑ'tizm]
arteriosclerose (f)	**атеросклероз** (м)	[ɑterɑskle'rɔs]
gastrite (f)	**гастрит** (м)	[gɑst'rit]
apendicite (f)	**аппендицит** (м)	[ɑpindi'ʦɪt]
colecistite (f)	**холецистит** (м)	[hɑleʦɪs'tit]
úlcera (f)	**язва** (ж)	['jɑzvə]

sarampo (m)	**корь** (ж)	[kɔrʲ]
rubéola (f)	**краснуха** (ж)	[kras'nʊhə]
iterícia (f)	**желтуха** (ж)	[ʒɛl'tʊhə]
hepatite (f)	**гепатит** (м)	[gipa'tit]
esquizofrenia (f)	**шизофрения** (ж)	[ʃɪzafre'nija]
raiva (f)	**бешенство** (с)	['beʃənstvə]
neurose (f)	**невроз** (м)	[niv'rɔs]
comoção (f) cerebral	**сотрясение** (с) **мозга**	[satri'senie 'mɔzgə]
cancro (m)	**рак** (м)	[rak]
esclerose (f)	**склероз** (м)	[skle'rɔs]
esclerose (f) múltipla	**рассеянный склероз** (м)	[ra'seinɪj skle'rɔs]
alcoolismo (m)	**алкоголизм** (м)	[alkaga'lizm]
alcoólico (m)	**алкоголик** (м)	[alka'gɔlik]
sífilis (f)	**сифилис** (м)	['sifilis]
SIDA (f)	**СПИД** (м)	[spit]
tumor (m)	**опухоль** (ж)	['ɔpʊhaʎ]
maligno	**злокачественная**	[zla'katʃestwenaja]
benigno	**доброкачественная**	[dabra'katʃestwenaja]
febre (f)	**лихорадка** (ж)	[liha'ratkə]
malária (f)	**малярия** (ж)	[mali'rija]
gangrena (f)	**гангрена** (ж)	[gahg'renə]
enjoo (m)	**морская болезнь** (ж)	[mars'kaja ba'lezɲ]
epilepsia (f)	**эпилепсия** (ж)	[ɛpi'lepsija]
epidemia (f)	**эпидемия** (ж)	[ɛpi'demija]
tifo (m)	**тиф** (м)	[tif]
tuberculose (f)	**туберкулёз** (м)	[tʊberkʊ'lɜs]
cólera (f)	**холера** (ж)	[ha'lerə]
peste (f)	**чума** (ж)	['tʃumə]

64. Simtomas. Tratamentos. Parte 1

sintoma (m)	**симптом** (м)	[simp'tɔm]
temperatura (f)	**температура** (ж)	[timpera'tʊrə]
febre (f)	**высокая температура** (ж)	[vɪ'sɔkaja timpera'tʊrə]
pulso (m)	**пульс** (м)	[pʊʎs]
vertigem (f)	**головокружение** (с)	[galavakrʊ'ʒenie]
quente (testa, etc.)	**горячий**	[ga'rʲatʃij]
calafrio (m)	**озноб** (м)	[az'nɔp]
pálido	**бледный**	[b'lednɪj]
tosse (f)	**кашель** (м)	['kaʃəʎ]
tossir (vi)	**кашлять**	['kaʃlitʲ]

espirrar (vi)	**чихать**	[ʧi'hatʲ]
desmaio (m)	**обморок** (м)	['ɔbmarak]
desmaiar (vi)	**упасть в обморок**	[u'pastʲ v 'ɔbmarak]
nódoa (f) negra	**синяк** (м)	[si'ɲak]
galo (m)	**шишка** (ж)	['ʃiʃkə]
magoar-se (vp)	**удариться**	[u'daritsə]
pisadura (f)	**ушиб** (м)	[u'ʃip]
aleijar-se (vp)	**ударить ...**	[u'daritʲ]
coxear (vi)	**хромать**	[hra'matʲ]
deslocação (f)	**вывих** (м)	['vɪwih]
deslocar (vt)	**вывихнуть**	['vɪwihnʊtʲ]
fratura (f)	**перелом** (м)	[pere'lɔm]
fraturar (vt)	**получить перелом**	[palu'ʧitʲ pere'lɔm]
corte (m)	**порез** (м)	[pa'res]
cortar-se (vp)	**порезаться**	[pa'rezatsə]
hemorragia (f)	**кровотечение** (с)	[kravate'ʧenie]
queimadura (f)	**ожог** (м)	[a'ʒɔk]
queimar-se (vp)	**обжечься**	[ab'ʒeʧsʲa]
picar (vt)	**уколоть**	[uka'lɔtʲ]
picar-se (vp)	**уколоться**	[uka'lɔtsə]
lesionar (vt)	**повредить**	[pavre'ditʲ]
lesão (m)	**повреждение** (с)	[pavreʒ'denie]
ferida (f), ferimento (m)	**рана** (ж)	['ranə]
trauma (m)	**травма** (ж)	[t'ravmə]
delirar (vi)	**бредить**	[b'reditʲ]
gaguejar (vi)	**заикаться**	[zai'katsə]
insolação (f)	**солнечный удар** (м)	['sɔlniʧnɪj u'dar]

65. Simtomas. Tratamentos. Parte 2

dor (f)	**боль** (ж)	[bɔʎ]
farpa (no dedo)	**заноза** (ж)	[za'nɔzə]
suor (m)	**пот** (м)	[pɔt]
suar (vi)	**потеть**	[pa'tetʲ]
vómito (m)	**рвота** (ж)	[r'vɔtə]
convulsões (f pl)	**судороги** (ж мн)	['sʊdaragi]
grávida	**беременная**	[bi'remenaja]
nascer (vi)	**родиться**	[ra'ditsə]
parto (m)	**роды** (мн)	['rɔdɪ]
dar â luz	**рожать**	[ra'ʒatʲ]
aborto (m)	**аборт** (м)	[a'bɔrt]
respiração (f)	**дыхание** (с)	[dɪ'hanie]

inspiração (f)	**вдох** (м)	[vdɔh]
expiração (f)	**выдох** (м)	['vɪdɑh]
expirar (vi)	**выдохнуть**	['vɪdɑhnʊtʲ]
inspirar (vi)	**сделать вдох**	[s'delɑtʲ vdɔh]
inválido (m)	**инвалид** (м)	[invɑ'lit]
aleijado (m)	**калека** (с)	[kɑ'lekə]
toxicodependente (m)	**наркоман** (м)	[nɑrkɑ'mɑn]
surdo	**глухой**	[glu'hɔj]
mudo	**немой**	[ni'mɔj]
surdo-mudo	**глухонемой**	[gluhɑni'mɔj]
louco (adj.)	**сумасшедший**	[sʊmɑ'ʃətʃɪj]
louco (m)	**сумасшедший** (м)	[sʊmɑ'ʃətʃɪj]
louca (f)	**сумасшедшая** (ж)	[sʊmɑ'ʃətʃʌja]
ficar louco	**сойти с ума**	[sɑj'ti sʊ'mɑ]
gene (m)	**ген** (м)	[gen]
imunidade (f)	**иммунитет** (м)	[imʊni'tet]
hereditário	**наследственный**	[nɑs'letstwennɪj]
congénito	**врождённый**	[vrɑʒ'dɜnnɪj]
vírus (m)	**вирус** (м)	['wirʊs]
micróbio (m)	**микроб** (м)	[mik'rɔp]
bactéria (f)	**бактерия** (ж)	[bɑk'tɛrija]
infeção (f)	**инфекция** (ж)	[in'fektsɪja]

66. Simtomas. Tratamentos. Parte 3

hospital (m)	**больница** (ж)	[bɑʎ'nitsə]
paciente (m)	**пациент** (м)	[pɑtsɪ'ɛnt]
diagnóstico (m)	**диагноз** (м)	[di'ɑgnɑs]
cura (f)	**лечение** (с)	[li'tʃenie]
tratamento (m) médico	**лечение** (с)	[li'tʃenie]
curar-se (vp)	**лечиться**	[li'tʃitsə]
tratar (vt)	**лечить**	[li'tʃitʲ]
cuidar (pessoa)	**ухаживать**	[u'hɑʒɪvɑtʲ]
cuidados (m pl)	**уход** (м)	[u'hɔt]
operação (f)	**операция** (ж)	[ɑpi'rɑtsɪja]
pôr uma ligadura	**перевязать**	[pirewi'zɑtʲ]
ligadura (f)	**перевязка** (ж)	[pire'vʲaskə]
vacinação (f)	**прививка** (ж)	[pri'wifkə]
vacinar (vt)	**делать прививку**	['delɑtʲ pri'wifkʊ]
injeção (f)	**укол** (м)	[u'kɔl]
dar uma injeção	**делать укол**	['delɑtʲ u'kɔl]
amputação (f)	**ампутация** (ж)	[ɑmpʊ'tɑtsɪja]

amputar (vt)	**ампутировать**	[ampʊ'tiravatʲ]
coma (m)	**кома** (ж)	['kɔmə]
estar em coma	**быть в коме**	[bɪtʲ f 'kɔme]
reanimação (f)	**реанимация** (ж)	[riani'maʦɪja]
recuperar-se (vp)	**выздоравливать**	[vɪzda'ravlivatʲ]
estado (~ de saúde)	**состояние** (с)	[sasta'janie]
consciência (f)	**сознание** (с)	[saz'nanie]
memória (f)	**память** (ж)	['pamitʲ]
tirar (vt)	**удалять**	[uda'ʎatʲ]
chumbo (m), obturação (f)	**пломба** (ж)	[p'lɔmbə]
chumbar, obturar (vt)	**пломбировать**	[plambira'vatʲ]
hipnose (f)	**гипноз** (м)	[gip'nɔs]
hipnotizar (vt)	**гипнотизировать**	[gipnati'ziravatʲ]

67. Medicina. Drogas. Acessórios

medicamento (m)	**лекарство** (с)	[li'karstvə]
remédio (m)	**средство** (с)	[s'reʦtvə]
receitar (vt)	**прописать**	[prapi'satʲ]
receita (f)	**рецепт** (м)	[ri'ʦəpt]
comprimido (m)	**таблетка** (ж)	[tab'letkə]
pomada (f)	**мазь** (ж)	[masʲ]
ampola (f)	**ампула** (ж)	['ampʊlə]
preparado (m)	**микстура** (ж)	[miks'tʊrə]
xarope (m)	**сироп** (м)	[si'rɔp]
cápsula (f)	**пилюля** (ж)	[pi'lyʎa]
remédio (m) em pó	**порошок** (м)	[para'ʃɔk]
ligadura (f)	**бинт** (м)	[bint]
algodão (m)	**вата** (ж)	['vatə]
iodo (m)	**йод** (м)	[jot]
penso (m) rápido	**лейкопластырь** (м)	[lejkap'lastɪrʲ]
conta-gotas (f)	**пипетка** (ж)	[pi'petkə]
termómetro (m)	**градусник** (м)	[g'radʊsnik]
seringa (f)	**шприц** (м)	[ʃpriʦ]
cadeira (m) de rodas	**коляска** (ж)	[ka'ʎaskə]
muletas (f pl)	**костыли** (м мн)	[kastɪ'li]
analgésico (m)	**обезболивающее** (с)	[abiz'bɔlivajuɕee]
laxante (m)	**слабительное** (с)	[sla'biteʎnae]
álcool (m) etílico	**спирт** (м)	[spirt]
ervas (f pl) medicinais	**трава** (ж)	[tra'va]
de ervas (chá ~)	**травяной**	[trawi'nɔj]

APARTAMENTO

T&P Books Publishing

68. Apartamento

apartamento (m)	**квартира** (ж)	[kvɑr'tirə]
quarto (m)	**комната** (ж)	['kɔmnɑtə]
quarto (m) de dormir	**спальня** (ж)	[s'pɑʎɲa]
sala (f) de jantar	**столовая** (ж)	[stɑ'lɔvɑja]
sala (f) de estar	**гостиная** (ж)	[gɑs'tinɑja]
escritório (m)	**кабинет** (м)	[kɑbi'net]
antessala (f)	**прихожая** (ж)	[pri'hɔʒɑja]
quarto (m) de banho	**ванная комната** (ж)	['vɑnnaja 'kɔmnɑtə]
quarto (m) de banho	**туалет** (м)	[tʊɑ'let]
teto (m)	**потолок** (м)	[pɑtɑ'lɔk]
chão, soalho (m)	**пол** (м)	[pɔl]
canto (m)	**угол** (м)	['ugɑl]

69. Mobiliário. Interior

mobiliário (m)	**мебель** (ж)	['mebeʎ]
mesa (f)	**стол** (м)	[stɔl]
cadeira (f)	**стул** (м)	[stʊl]
cama (f)	**кровать** (ж)	[krɑ'vɑtʲ]
divã (m)	**диван** (м)	[di'vɑn]
cadeirão (m)	**кресло** (с)	[k'reslə]
biblioteca (f)	**книжный шкаф** (м)	[k'niʒnɪj ʃkɑf]
prateleira (f)	**полка** (ж)	['pɔlkə]
estante (f)	**этажерка** (ж)	[ɛtɑ'ʒɛrkə]
guarda-vestidos (m)	**гардероб** (м)	[gɑrde'rɔp]
cabide (m) de parede	**вешалка** (ж)	['weʃʌlkə]
cabide (m) de pé	**вешалка** (ж)	['weʃʌlkə]
cómoda (f)	**комод** (м)	[kɑ'mɔt]
mesinha (f) de centro	**журнальный столик** (м)	[ʒur'nɑʎnɪj s'tɔlik]
espelho (m)	**зеркало** (с)	['zerkɑlə]
tapete (m)	**ковёр** (м)	[kɑ'wɜr]
tapete (m) pequeno	**коврик** (м)	['kɔvrik]
lareira (f)	**камин** (м)	[kɑ'min]
vela (f)	**свеча** (ж)	[swi'ʧa]
castiçal (m)	**подсвечник** (м)	[pɑʦ'weʧnik]

cortinas (f pl)	шторы (ж мн)	[ʃ'tori]
papel (m) de parede	обои (мн)	[a'bɔi]
estores (f pl)	жалюзи (мн)	[ʒaly'zi]

candeeiro (m) de mesa	настольная лампа (ж)	[nas'tɔʌnaja 'lampə]
candeeiro (m) de parede	светильник (м)	[swi'tiʌnik]
candeeiro (m) de pé	торшер (м)	[tar'ʃər]
lustre (m)	люстра (ж)	['lystrə]

perna (da cadeira, etc.)	ножка (ж)	['nɔʃkə]
braço (m)	подлокотник (м)	[padla'kɔtnik]
costas (f pl)	спинка (ж)	[s'pinkə]
gaveta (f)	ящик (м)	['jaɕik]

70. Quarto de dormir

roupa (f) de cama	постельное бельё	[pas'teʌnae bi'ʌjo]
almofada (f)	подушка (ж)	[pa'duʃkə]
fronha (f)	наволочка (ж)	['navalatʃkə]
cobertor (m)	одеяло (c)	[adi'jalə]
lençol (m)	простыня (ж)	[prastɪ'ɲa]
colcha (f)	покрывало (c)	[pakrɪ'valə]

71. Cozinha

cozinha (f)	кухня (ж)	['kʊhɲa]
gás (m)	газ (м)	[gas]
fogão (m) a gás	газовая плита (ж)	['gazavaja pli'ta]
fogão (m) elétrico	электроплита (ж)	[ɛlektrapli'ta]
forno (m)	духовка (ж)	[dʊ'hɔfkə]
forno (m) de micro-ondas	микроволновая печь (ж)	[mikraval'nɔvaja petʃ]

frigorífico (m)	холодильник (м)	[hala'diʌnik]
congelador (m)	морозильник (м)	[mara'ziʌnik]
máquina (f) de lavar louça	посудомоечная машина (ж)	[pasʊda'mɔetʃnaja ma'ʃinə]

moedor (m) de carne	мясорубка (ж)	[misa'rʊpkə]
espremedor (m)	соковыжималка (ж)	[sɔkavɪʒɪ'malkə]
torradeira (f)	тостер (м)	['tɔster]
batedeira (f)	миксер (м)	['mikser]

máquina (f) de café	кофеварка (ж)	[kafe'varkə]
cafeteira (f)	кофейник (м)	[ka'fejnik]
moinho (m) de café	кофемолка (ж)	[kafe'mɔlkə]

| chaleira (f) | чайник (м) | ['tʃajnik] |
| bule (m) | чайник (м) | ['tʃajnik] |

tampa (f)	**крышка** (ж)	[k'rɪʃkə]
coador (f) de chá	**ситечко** (с)	['sitetʃkə]
colher (f)	**ложка** (ж)	['lɔʃkə]
colher (f) de chá	**чайная ложка** (ж)	['tʃajnaja 'lɔʃkə]
colher (f) de sopa	**столовая ложка** (ж)	[sta'lɔvaja 'lɔʃkə]
garfo (m)	**вилка** (ж)	['wilkə]
faca (f)	**нож** (м)	[nɔʃ]
louça (f)	**посуда** (ж)	[pa'sʊdə]
prato (m)	**тарелка** (ж)	[ta'relkə]
pires (m)	**блюдце** (с)	[b'lytse]
cálice (m)	**рюмка** (ж)	['rymkə]
copo (m)	**стакан** (м)	[sta'kan]
chávena (f)	**чашка** (ж)	['tʃaʃkə]
açucareiro (m)	**сахарница** (ж)	['saharnitsə]
saleiro (m)	**солонка** (ж)	[sa'lɔnkə]
pimenteiro (m)	**перечница** (ж)	['peretʃnitsə]
manteigueira (f)	**маслёнка** (ж)	[mas'lɜnkə]
panela (f)	**кастрюля** (ж)	[kast'ryʎa]
frigideira (f)	**сковородка** (ж)	[skava'rɔtkə]
concha (f)	**половник** (м)	[pa'lɔvnik]
passador (m)	**дуршлаг** (м)	[dʊrʃ'lak]
bandeja (f)	**поднос** (м)	[pad'nɔs]
garrafa (f)	**бутылка** (ж)	[bʊ'tɪlkə]
boião (m) de vidro	**банка** (ж)	['bankə]
lata (f)	**банка** (ж)	['bankə]
abridor (m) de garrafas	**открывалка** (ж)	[atkrɪ'valkə]
abre-latas (m)	**открывалка** (ж)	[atkrɪ'valkə]
saca-rolhas (m)	**штопор** (м)	['ʃtɔpar]
filtro (m)	**фильтр** (м)	[fiʎtr]
filtrar (vt)	**фильтровать**	[fiʎtra'vatʲ]
lixo (m)	**мусор** (м)	['mʊsar]
balde (m) do lixo	**мусорное ведро** (с)	['mʊsarnae wid'rɔ]

72. Casa de banho

quarto (m) de banho	**ванная комната** (ж)	['vannaja 'kɔmnatə]
água (f)	**вода** (ж)	[va'da]
torneira (f)	**кран** (м)	[kran]
água (f) quente	**горячая вода** (ж)	[ga'rʲatʃaja va'da]
água (f) fria	**холодная вода** (ж)	[ha'lɔdnaja va'da]
pasta (f) de dentes	**зубная паста** (ж)	[zub'naja 'pastə]
escovar os dentes	**чистить зубы**	['tʃistitʲ 'zubɪ]

escova (f) de dentes	зубная щётка (ж)	[zub'naja 'ɕɔtkə]
barbear-se (vp)	бриться	[b'ritsə]
espuma (f) de barbear	пена (ж) для бритья	['pena dʎa bri'tja]
máquina (f) de barbear	бритва (ж)	[b'ritvə]

lavar (vt)	мыть	[mɪtʲ]
lavar-se (vp)	мыться	['mɪtsə]
duche (m)	душ (м)	[dʊʃ]
tomar um duche	принимать душ	[prini'matʲ dʊʃ]

banheira (f)	ванна (ж)	['vannə]
sanita (f)	унитаз (м)	[uni'tas]
lavatório (m)	раковина (ж)	['rakəwinə]

sabonete (m)	мыло (с)	['mɪlə]
saboneteira (f)	мыльница (ж)	['mɪʎnitsə]

esponja (f)	губка (ж)	['gʊpkə]
champô (m)	шампунь (м)	[ʃʌm'pʊɲ]
toalha (f)	полотенце (с)	[pala'tentsə]
roupão (m) de banho	халат (м)	[ha'lat]

lavagem (f)	стирка (ж)	[s'tirkə]
máquina (f) de lavar	стиральная машина (ж)	[sti'raʎnaja ma'ʃinə]
lavar a roupa	стирать бельё	[sti'ratʲ be'ʎjo]
detergente (m)	стиральный порошок (м)	[sti'raʎnij para'ʃɔk]

73. Eletrodomésticos

televisor (m)	телевизор (м)	[tile'wizar]
gravador (m)	магнитофон (м)	[magnita'fɔn]
videogravador (m)	видеомагнитофон (м)	['widea magnita'fɔn]
rádio (m)	приёмник (м)	[priɜmnik]
leitor (m)	плеер (м)	[p'lɛer]

projetor (m)	видеопроектор (м)	['widea pra'ektar]
cinema (m) em casa	домашний кинотеатр (м)	[da'maʃnij kinate'atr]
leitor (m) de DVD	DVD проигрыватель (м)	[diwi'di pra'igrɪvateʎ]
amplificador (m)	усилитель (м)	[usi'liteʎ]
console (f) de jogos	игровая приставка (ж)	[igra'vaja pris'tafkə]

câmara (f) de vídeo	видеокамера (ж)	[widea'kamerə]
máquina (f) fotográfica	фотоаппарат (м)	[fɔtapa'rat]
câmara (f) digital	цифровой фотоаппарат (м)	[tsɪfra'vɔj fɔtapa'rat]

aspirador (m)	пылесос (м)	[pɪle'sɔs]
ferro (m) de engomar	утюг (м)	[u'tyk]
tábua (f) de engomar	гладильная доска (ж)	[gla'diʎnaja das'ka]

telefone (m)	**телефон** (м)	[tile'fɔn]
telemóvel (m)	**мобильный телефон** (м)	[ma'biʎnıj tele'fɔn]
máquina (f) de costura	**швейная машинка** (ж)	[ʃ'wejnaja ma'ʃinkə]
microfone (m)	**микрофон** (м)	[mikra'fɔn]
auscultadores (m pl)	**наушники** (м мн)	[na'uʃniki]
controlo remoto (m)	**пульт** (м)	[pʊʎt]
CD (m)	**компакт-диск** (м)	[kam'pakt 'disk]
cassete (f)	**кассета** (ж)	[ka'setə]
disco (m) de vinil	**пластинка** (ж)	[plas'tinkə]

A TERRA. TEMPO

T&P Books Publishing

74. Espaço sideral

cosmos (m)	**космос** (м)	['kɔsmas]
cósmico	**космический**	[kas'mitʃeskij]
espaço (m) cósmico	**космическое пространство**	[kas'mitʃeskae prast'ranstvə]
mundo (m)	**мир** (м)	[mir]
universo (m)	**вселенная** (ж)	[fsi'lennaja]
galáxia (f)	**галактика** (ж)	[ga'laktikə]
estrela (f)	**звезда** (ж)	[zwez'da]
constelação (f)	**созвездие** (с)	[saz'wezdie]
planeta (m)	**планета** (ж)	[pla'netə]
satélite (m)	**спутник** (м)	[s'putnik]
meteorito (m)	**метеорит** (м)	[mitea'rit]
cometa (m)	**комета** (ж)	[ka'metə]
asteroide (m)	**астероид** (м)	[aste'rɔit]
órbita (f)	**орбита** (ж)	[ar'bitə]
girar (vi)	**вращаться**	[vra'ɕatsə]
atmosfera (f)	**атмосфера** (ж)	[atmas'ferə]
Sol (m)	**Солнце** (с)	['sɔntse]
Sistema (m) Solar	**Солнечная система** (ж)	['sɔlnitʃnaja sis'temə]
eclipse (m) solar	**солнечное затмение** (с)	['sɔlnitʃnae zat'menie]
Terra (f)	**Земля** (ж)	[zem'ʎa]
Lua (f)	**Луна** (ж)	['lunə]
Marte (m)	**Марс** (м)	[mars]
Vénus (m)	**Венера** (ж)	[wi'nerə]
Júpiter (m)	**Юпитер** (м)	[ju'piter]
Saturno (m)	**Сатурн** (м)	[sa'turn]
Mercúrio (m)	**Меркурий** (м)	[mir'kurij]
Urano (m)	**Уран** (м)	[u'ran]
Neptuno (m)	**Нептун** (м)	[nip'tun]
Plutão (m)	**Плутон** (м)	[plu'tɔn]
Via Láctea (f)	**Млечный Путь** (м)	[m'letʃnɪj putʲ]
Ursa Maior (f)	**Большая Медведица** (ж)	[baʎ'ʃʌja mid'weditsə]
Estrela Polar (f)	**Полярная Звезда** (ж)	[pa'ʎarnaja zwez'da]
marciano (m)	**марсианин** (м)	[marsi'anin]
extraterrestre (m)	**инопланетянин** (м)	[inaplani'tʲanin]

alienígena (m)	**пришелец** (м)	[pri'ʃɛlets]
disco (m) voador	**летающая тарелка** (ж)	[le'tajuɕəja ta'relkə]
nave (f) espacial	**космический корабль** (м)	[kas'mitʃeskij ka'rabʎ]
estação (f) orbital	**орбитальная станция** (ж)	[arbi'taʎnaja s'tantsɪja]
lançamento (m)	**старт** (м)	[start]
motor (m)	**двигатель** (м)	[d'wigateʎ]
bocal (m)	**сопло** (с)	['sɔplə]
combustível (m)	**топливо** (с)	['tɔplivə]
cabine (f)	**кабина** (ж)	[ka'binə]
antena (f)	**антенна** (ж)	[an'tɛnə]
vigia (f)	**иллюминатор** (м)	[ilymi'natar]
bateria (f) solar	**солнечная батарея** (ж)	['sɔlnetʃnaja bata'reja]
traje (m) espacial	**скафандр** (м)	[ska'fandr]
imponderabilidade (f)	**невесомость** (ж)	[niwi'sɔmastʲ]
oxigénio (m)	**кислород** (м)	[kisla'rɔt]
acoplagem (f)	**стыковка** (ж)	[stɪ'kɔfkə]
fazer uma acoplagem	**производить стыковку**	[praizva'ditʲ stɪ'kɔfkʊ]
observatório (m)	**обсерватория** (ж)	[apserva'tɔrija]
telescópio (m)	**телескоп** (м)	[tiles'kɔp]
observar (vt)	**наблюдать**	[nably'datʲ]
explorar (vt)	**исследовать**	[is'ledavatʲ]

75. A Terra

Terra (f)	**Земля** (ж)	[zem'ʎa]
globo terrestre (Terra)	**земной шар** (м)	[zem'nɔj ʃʌr]
planeta (m)	**планета** (ж)	[pla'netə]
atmosfera (f)	**атмосфера** (ж)	[atmas'ferə]
geografia (f)	**география** (ж)	[giag'rafija]
natureza (f)	**природа** (ж)	[pri'rɔdə]
globo (mapa esférico)	**глобус** (м)	[g'lɔbʊs]
mapa (m)	**карта** (ж)	['kartə]
atlas (m)	**атлас** (м)	['atlas]
Europa (f)	**Европа** (ж)	[ev'rɔpə]
Ásia (f)	**Азия** (ж)	['azija]
África (f)	**Африка** (ж)	['afrikə]
Austrália (f)	**Австралия** (ж)	[afst'ralija]
América (f)	**Америка** (ж)	[a'merikə]
América (f) do Norte	**Северная Америка** (ж)	['sewernaja a'merikə]

América (f) do Sul	**Южная Америка** (ж)	['juʒnaja a'merikə]
Antártida (f)	**Антарктида** (ж)	[antark'tidə]
Ártico (m)	**Арктика** (ж)	['arktikə]

76. Pontos cardeais

norte (m)	**север** (м)	['sewer]
para norte	**на север**	[na 'sewer]
no norte	**на севере**	[na 'sewere]
do norte	**северный**	['sewernıj]
sul (m)	**юг** (м)	[juk]
para sul	**на юг**	[na 'juk]
no sul	**на юге**	[na 'juge]
do sul	**южный**	['juʒnıj]
oeste, ocidente (m)	**запад** (м)	['zapat]
para oeste	**на запад**	[na 'zapat]
no oeste	**на западе**	[na 'zapade]
ocidental	**западный**	['zapadnıj]
leste, oriente (m)	**восток** (м)	[vas'tɔk]
para leste	**на восток**	[na vas'tɔk]
no leste	**на востоке**	[na vas'tɔke]
oriental	**восточный**	[vas'tɔtʃnıj]

77. Mar. Oceano

mar (m)	**море** (с)	['mɔre]
oceano (m)	**океан** (м)	[aki'an]
golfo (m)	**залив** (м)	[za'lif]
estreito (m)	**пролив** (м)	[pra'lif]
terra (f) firme	**земля** (ж), **суша** (ж)	[zem'ʎa], ['sʊʃə]
continente (m)	**материк** (м)	[mate'rik]
ilha (f)	**остров** (м)	['ɔstraf]
península (f)	**полуостров** (м)	[palu'ɔstraf]
arquipélago (m)	**архипелаг** (м)	[arhipe'lak]
baía (f)	**бухта** (ж)	['bʊhtə]
porto (m)	**гавань** (ж)	['gavaɲ]
lagoa (f)	**лагуна** (ж)	[la'gʊnə]
cabo (m)	**мыс** (м)	[mıs]
atol (m)	**атолл** (м)	[a'tɔl]
recife (m)	**риф** (м)	[rif]
coral (m)	**коралл** (м)	[ka'ral]
recife (m) de coral	**коралловый риф** (м)	[ka'ralavıj rif]

profundo	глубокий	[glu'bɔkij]
profundidade (f)	глубина (ж)	[glubi'na]
abismo (m)	бездна (ж)	['beznə]
fossa (f) oceânica	впадина (ж)	[fʲpadinə]

corrente (f)	течение (c)	[ti'tʃenie]
banhar (vt)	омывать	[amɪ'vatʲ]

litoral (m)	побережье	[pabi'reʒje]
costa (f)	берег (м)	['berek]

maré (f) alta	прилив (м)	[pri'lif]
maré (f) baixa	отлив (м)	[at'lif]
restinga (f)	отмель (ж)	['ɔtmeʎ]
fundo (m)	дно (c)	[dnɔ]

onda (f)	волна (ж)	[val'na]
crista (f) da onda	гребень (м) волны	[g'rebeɲ val'nɪ]
espuma (f)	пена (ж)	['penə]

tempestade (f)	буря (ж)	['bʊrʲa]
furacão (m)	ураган (м)	[ura'gan]
tsunami (m)	цунами (c)	[tsu'nami]
calmaria (f)	штиль (м)	[ʃtiʎ]
calmo	спокойный	[spa'kɔjnɪj]

polo (m)	полюс (м)	['pɔlys]
polar	полярный	[pa'ʎarnɪj]

latitude (f)	широта (ж)	[ʃɪra'ta]
longitude (f)	долгота (ж)	[dalga'ta]
paralela (f)	параллель (ж)	[para'leʎ]
equador (m)	экватор (м)	[ɛk'vatar]

céu (m)	небо (c)	['nebə]
horizonte (m)	горизонт (м)	[gari'zɔnt]
ar (m)	воздух (м)	['vɔzdʊh]

farol (m)	маяк (м)	[ma'jak]
mergulhar (vi)	нырять	[nɪ'rʲatʲ]
afundar-se (vp)	затонуть	[zata'nʊtʲ]
tesouros (m pl)	сокровища (мн)	[sak'rɔwiɕə]

78. Nomes de Mares e Oceanos

Oceano (m) Atlântico	Атлантический океан (м)	[atlan'titʃeskij aki'an]
Oceano (m) Índico	Индийский океан (м)	[in'dijskij aki'an]
Oceano (m) Pacífico	Тихий океан (м)	['tihij aki'an]
Oceano (m) Ártico	Северный Ледовитый океан (м)	['sewernɪj leda'witɪj aki'an]

Mar (m) Negro	**Чёрное море** (c)	['ʧɔrnae 'mɔre]
Mar (m) Vermelho	**Красное море** (c)	[k'rasnae 'mɔre]
Mar (m) Amarelo	**Желтое море** (c)	['ʒɔltae 'mɔre]
Mar (m) Branco	**Белое море** (c)	['belae 'mɔre]
Mar (m) Cáspio	**Каспийское море** (c)	[kas'pijskae 'mɔre]
Mar (m) Morto	**Мёртвое море** (c)	['mɜrtvae 'mɔre]
Mar (m) Mediterrâneo	**Средиземное море** (c)	[sredi'zemnae 'mɔre]
Mar (m) Egeu	**Эгейское море** (c)	[ɛ'gejskae 'mɔre]
Mar (m) Adriático	**Адриатическое море** (c)	[adria'tiʧeskae 'mɔre]
Mar (m) Arábico	**Аравийское море** (c)	[ara'wijskae 'mɔre]
Mar (m) do Japão	**Японское море** (c)	[ja'pɔnskae 'mɔre]
Mar (m) de Bering	**Берингово море** (c)	['berihgava 'mɔre]
Mar (m) da China Meridional	**Южно-Китайское море** (c)	['juʒna ki'tajskae 'mɔre]
Mar (m) de Coral	**Коралловое море** (c)	[ka'ralavae 'mɔre]
Mar (m) de Tasman	**Тасманово море** (c)	[tas'manava 'mɔre]
Mar (m) do Caribe	**Карибское море** (c)	[ka'ripskae 'mɔre]
Mar (m) de Barents	**Баренцево море** (c)	['barinʦəva 'mɔre]
Mar (m) de Kara	**Карское море** (c)	['karskae 'mɔre]
Mar (m) do Norte	**Северное море** (c)	['sewernae 'mɔre]
Mar (m) Báltico	**Балтийское море** (c)	[bal'tijskae 'mɔre]
Mar (m) da Noruega	**Норвежское море** (c)	[nar'weʃskae 'mɔre]

79. Montanhas

montanha (f)	**гора** (ж)	[ga'ra]
cordilheira (f)	**горная цепь** (ж)	['gɔrnaja ʦəpʲ]
serra (f)	**горный хребет** (м)	['gɔrnɪj hre'bet]
cume (m)	**вершина** (ж)	[wir'ʃinə]
pico (m)	**пик** (м)	[pik]
sopé (m)	**подножие** (c)	[pad'nɔʒɪe]
declive (m)	**склон** (м)	[sklɔn]
vulcão (m)	**вулкан** (м)	[vʊl'kan]
vulcão (m) ativo	**действующий вулкан** (м)	['dejstvʊɕij vʊl'kan]
vulcão (m) extinto	**потухший вулкан** (м)	[pa'tʊhʃɪj vʊl'kan]
erupção (f)	**извержение** (c)	[izwer'ʒɛnie]
cratera (f)	**кратер** (м)	[k'rater]
magma (m)	**магма** (ж)	['magmə]
lava (f)	**лава** (ж)	['lavə]
fundido (lava ~a)	**раскалённый**	[raska'lɜnnɪj]

desfiladeiro (m)	**каньон** (м)	[ka'ɲjon]
garganta (f)	**ущелье** (с)	[u'ɕeʎje]
fenda (f)	**расщелина** (ж)	[ra'ɕelinə]
passo, colo (m)	**перевал** (м)	[pere'val]
planalto (m)	**плато** (с)	[pla'tɔ]
falésia (f)	**скала** (ж)	[ska'la]
colina (f)	**холм** (м)	[hɔlm]
glaciar (m)	**ледник** (м)	[lid'nik]
queda (f) d'água	**водопад** (м)	[vada'pat]
géiser (m)	**гейзер** (м)	['gejzer]
lago (m)	**озеро** (с)	['ɔzerə]
planície (f)	**равнина** (ж)	[rav'ninə]
paisagem (f)	**пейзаж** (м)	[pij'zaʃ]
eco (m)	**эхо** (с)	['ɛhə]
alpinista (m)	**альпинист** (м)	[aʎpi'nist]
escalador (m)	**скалолаз** (м)	[skala'las]
conquistar (vt)	**покорять**	[paka'rʲatʲ]
subida, escalada (f)	**восхождение** (с)	[vasha'ʒdenie]

80. Nomes de montanhas

Alpes (m pl)	**Альпы** (мн)	['aʎpı]
monte Branco (m)	**Монблан** (м)	[manb'lan]
Pirineus (m pl)	**Пиренеи** (мн)	[pire'nei]
Cárpatos (m pl)	**Карпаты** (мн)	[kar'patı]
montes (m pl) Urais	**Уральские горы** (мн)	[u'raʎskie 'gɔrı]
Cáucaso (m)	**Кавказ** (м)	[kaf'kas]
Elbrus (m)	**Эльбрус** (м)	[ɛʎb'rʊs]
Altai (m)	**Алтай** (м)	[al'taj]
Tian Shan (m)	**Тянь-Шань** (ж)	[tʲaɲ 'ʃʌɲ]
Pamir (m)	**Памир** (м)	[pa'mir]
Himalaias (m pl)	**Гималаи** (мн)	[gima'lai]
monte (m) Everest	**Эверест** (м)	[ɛwi'rest]
Cordilheira (f) dos Andes	**Анды** (мн)	['andı]
Kilimanjaro (m)	**Килиманджаро** (ж)	[kiliman'ʒarə]

81. Rios

rio (m)	**река** (ж)	[ri'ka]
fonte, nascente (f)	**источник** (м)	[is'tɔtʃnik]
leito (m) do rio	**русло** (с)	['rʊslə]

bacia (f)	**бассейн** (м)	[ba'sɛjn]
desaguar no ...	**впадать в ...**	[fpa'datʲ v]
afluente (m)	**приток** (м)	[pri'tɔk]
margem (do rio)	**берег** (м)	['berek]
corrente (f)	**течение** (с)	[ti'ʧenie]
rio abaixo	**вниз по течению**	[vnis pa ti'ʧeniju]
rio acima	**вверх по течению**	[werh pa ti'ʧeniju]
inundação (f)	**наводнение** (с)	[navad'nenie]
cheia (f)	**половодье** (с)	[pala'vɔdje]
transbordar (vi)	**разливаться**	[razli'vaʦə]
inundar (vt)	**затоплять**	[zatap'ʎatʲ]
baixio (m)	**мель** (ж)	[meʎ]
rápidos (m pl)	**порог** (м)	[pa'rɔk]
barragem (f)	**плотина** (ж)	[pla'tinə]
canal (m)	**канал** (м)	[ka'nal]
reservatório (m) de água	**водохранилище** (с)	[vadahra'niliɕe]
esclusa (f)	**шлюз** (м)	[ʃlys]
corpo (m) de água	**водоём** (м)	[vadaɜm]
pântano (m)	**болото** (с)	[ba'lɔtə]
tremedal (m)	**трясина** (ж)	[tri'sinə]
remoinho (m)	**водоворот** (м)	[vadava'rɔt]
arroio, regato (m)	**ручей** (м)	[rʊ'ʧej]
potável	**питьевой**	[pitje'vɔj]
doce (água)	**пресный**	[p'resnɪj]
gelo (m)	**лёд** (м)	['lɜt]
congelar-se (vp)	**замёрзнуть**	[za'mɜrznʊtʲ]

82. Nomes de rios

rio Sena (m)	**Сена** (ж)	['senə]
rio Loire (m)	**Луара** (ж)	[lu'arə]
rio Tamisa (m)	**Темза** (ж)	['tɛmzə]
rio Reno (m)	**Рейн** (м)	[rɛjn]
rio Danúbio (m)	**Дунай** (м)	[dʊ'naj]
rio Volga (m)	**Волга** (ж)	['vɔlgə]
rio Don (m)	**Дон** (м)	[dɔn]
rio Lena (m)	**Лена** (ж)	['lenə]
rio Amarelo (m)	**Хуанхэ** (ж)	[hʊan'hɛ]
rio Yangtzé (m)	**Янцзы** (ж)	[jan'zɪ]

rio Mekong (m)	**Меконг** (м)	[mi'kɔnk]
rio Ganges (m)	**Ганг** (м)	[gɑnk]
rio Nilo (m)	**Нил** (м)	[nil]
rio Congo (m)	**Конго** (ж)	['kɔhgə]
rio Cubango (m)	**Окаванго** (ж)	[ɑkɑ'vɑhgə]
rio Zambeze (m)	**Замбези** (ж)	[zɑm'bezi]
rio Limpopo (m)	**Лимпопо** (ж)	[lim'pɔpɔ]
rio Mississipi (m)	**Миссисипи** (ж)	[misi'sipi]

83. Floresta

floresta (f), bosque (m)	**лес** (м)	[les]
florestal	**лесной**	[lis'nɔj]
mata (f) cerrada	**чаща** (ж)	['ʧaɕə]
arvoredo (m)	**роща** (ж)	['rɔɕə]
clareira (f)	**поляна** (ж)	[pɑ'ʎanə]
matagal (f)	**заросли** (мн)	['zɑrɑsli]
mato (m)	**кустарник** (м)	[kʊs'tɑrnik]
vereda (f)	**тропинка** (ж)	[trɑ'pinkə]
ravina (f)	**овраг** (м)	[ɑv'rɑk]
árvore (f)	**дерево** (с)	['derevə]
folha (f)	**лист** (м)	[list]
folhagem (f)	**листва** (ж)	[list'vɑ]
queda (f) das folha	**листопад** (м)	[listɑ'pɑt]
cair (vi)	**опадать**	[ɑpɑ'dɑtʲ]
topo (m)	**верхушка** (ж)	[wir'hʊʃkə]
ramo (m)	**ветка** (ж)	['wetkə]
galho (m)	**сук** (м)	[sʊk]
botão, rebento (m)	**почка** (ж)	['pɔʧkə]
agulha (f)	**игла** (ж)	[ig'lɑ]
pinha (f)	**шишка** (ж)	['ʃiʃkə]
buraco (m) de árvore	**дупло** (с)	[dʊp'lɔ]
ninho (m)	**гнездо** (с)	[gniz'dɔ]
toca (f)	**нора** (ж)	[nɑ'rɑ]
tronco (m)	**ствол** (м)	[stvɔl]
raiz (f)	**корень** (м)	['kɔreɲ]
casca (f) de árvore	**кора** (ж)	[kɑ'rɑ]
musgo (m)	**мох** (м)	[mɔh]
arrancar pela raiz	**корчевать**	[kɑrʧe'vɑtʲ]
cortar (vt)	**рубить**	[rʊ'bitʲ]

desflorestar (vt)	**вырубать лес**	[vɪrʊ'batʲ les]
toco, cepo (m)	**пень** (м)	[peɲ]
fogueira (f)	**костёр** (м)	[kas'tɜr]
incêndio (m) florestal	**пожар** (м)	[pa'ʒar]
apagar (vt)	**тушить**	[tʊ'ʃitʲ]
guarda-florestal (m)	**лесник** (м)	[lis'nik]
proteção (f)	**охрана** (ж)	[ah'ranə]
proteger (a natureza)	**охранять**	[ahra'ɲatʲ]
caçador (m) furtivo	**браконьер** (м)	[braka'ɲjer]
armadilha (f)	**капкан** (м)	[kap'kan]
colher (cogumelos, bagas)	**собирать**	[sabi'ratʲ]
perder-se (vp)	**заблудиться**	[zablu'dit͡sə]

84. Recursos naturais

recursos (m pl) naturais	**природные ресурсы** (м мн)	[pri'rɔdnɪe re'sʊrsɪ]
minerais (m pl)	**полезные ископаемые** (с мн)	[pa'leznɪe iska'paemɪe]
depósitos (m pl)	**залежи** (мн)	['zaleʒɪ]
jazida (f)	**месторождение** (с)	[mistaraʒ'denie]
extrair (vt)	**добывать**	[dabɪ'vatʲ]
extração (f)	**добыча** (ж)	[da'bɪʧə]
minério (m)	**руда** (ж)	[rʊ'da]
mina (f)	**рудник** (м)	[rʊd'nik]
poço (m) de mina	**шахта** (ж)	['ʃʌhtə]
mineiro (m)	**шахтёр** (м)	[ʃʌh'tɜr]
gás (m)	**газ** (м)	[gas]
gasoduto (m)	**газопровод** (м)	[gazapra'vɔt]
petróleo (m)	**нефть** (ж)	[neftʲ]
oleoduto (m)	**нефтепровод** (м)	[neftepra'vɔt]
poço (m) de petróleo	**нефтяная вышка** (ж)	[nefti'naja 'vɪʃkə]
torre (f) petrolífera	**буровая вышка** (ж)	[bʊra'vaja 'vɪʃkə]
petroleiro (m)	**танкер** (м)	['tanker]
areia (f)	**песок** (м)	[pi'sɔk]
calcário (m)	**известняк** (м)	[izwes'ɲak]
cascalho (m)	**гравий** (м)	[g'rawij]
turfa (f)	**торф** (м)	[tɔrf]
argila (f)	**глина** (ж)	[g'linə]
carvão (m)	**уголь** (м)	['ugaʎ]
ferro (m)	**железо** (с)	[ʒɪ'lezə]
ouro (m)	**золото** (с)	['zɔlatə]

prata (f)	**серебро** (с)	[sirib'rɔ]
níquel (m)	**никель** (м)	['nikeʎ]
cobre (m)	**медь** (ж)	[metʲ]
zinco (m)	**цинк** (м)	[ʦɪnk]
manganês (m)	**марганец** (м)	['marganeʦ]
mercúrio (m)	**ртуть** (ж)	[rtʊtʲ]
chumbo (m)	**свинец** (м)	[swi'neʦ]
mineral (m)	**минерал** (м)	[mine'ral]
cristal (m)	**кристалл** (м)	[kris'tal]
mármore (m)	**мрамор** (м)	[m'ramar]
urânio (m)	**уран** (м)	[u'ran]

85. Tempo

tempo (m)	**погода** (ж)	[pa'gɔdə]
previsão (f) do tempo	**прогноз** (м) **погоды**	[prag'nɔs pa'gɔdɪ]
temperatura (f)	**температура** (ж)	[timpera'tʊrə]
termómetro (m)	**термометр** (м)	[tir'mɔmetr]
barómetro (m)	**барометр** (м)	[ba'rɔmetr]
húmido	**влажный**	[v'laʒnɪj]
humidade (f)	**влажность** (ж)	[v'laʒnastʲ]
calor (m)	**жара** (ж)	[ʒa'ra]
cálido	**жаркий**	['ʒarkij]
está muito calor	**жарко**	['ʒarkə]
está calor	**тепло**	[tip'lɔ]
quente	**тёплый**	['tɜplɪj]
está frio	**холодно**	['hɔladnə]
frio	**холодный**	[ha'lɔdnɪj]
sol (m)	**солнце** (с)	['sɔnʦe]
brilhar (vi)	**светить**	[swi'titʲ]
de sol, ensolarado	**солнечный**	['sɔlniʧnɪj]
nascer (vi)	**взойти**	[vzaj'ti]
pôr-se (vp)	**сесть**	[sestʲ]
nuvem (f)	**облако** (с)	['ɔblakə]
nublado	**облачный**	['ɔblaʧnɪj]
nuvem (f) negra	**туча** (ж)	['tʊʧə]
escuro, cinzento	**пасмурный**	['pasmʊrnɪj]
chuva (f)	**дождь** (м)	[dɔʒtʲ]
está a chover	**идёт дождь**	[i'dɜt 'dɔʒtʲ]
chuvoso	**дождливый**	[daʒd'livɪj]
chuviscar (vi)	**моросить**	[mara'sitʲ]
chuva (f) torrencial	**проливной дождь** (м)	[praliv'nɔj dɔʒtʲ]

chuvada (f)	**ливень** (м)	['liweɲ]
forte (chuva)	**сильный**	['siʎnɪj]
poça (f)	**лужа** (ж)	['luʒə]
molhar-se (vp)	**промокнуть**	[prɑ'mɔknʊtʲ]
nevoeiro (m)	**туман** (м)	[tʊ'mɑn]
de nevoeiro	**туманный**	[tʊ'mɑnnɪj]
neve (f)	**снег** (м)	[snek]
está a nevar	**идёт снег**	[i'dɜt s'nek]

86. Tempo extremo. Catástrofes naturais

trovoada (f)	**гроза** (ж)	[grɑ'zɑ]
relâmpago (m)	**молния** (ж)	['mɔlnija]
relampejar (vi)	**сверкать**	[swir'kɑtʲ]
trovão (m)	**гром** (м)	[grɔm]
trovejar (vi)	**греметь**	[gri'metʲ]
está a trovejar	**гремит гром**	[gri'mit grɔm]
granizo (m)	**град** (м)	[grɑt]
está a cair granizo	**идёт град**	[i'dɜt g'rɑt]
inundar (vt)	**затопить**	[zɑtɑ'pitʲ]
inundação (f)	**наводнение** (с)	[nɑvɑd'nenie]
terremoto (m)	**землетрясение** (с)	[zemletri'senie]
abalo, tremor (m)	**толчок** (м)	[tɑl'ʧɔk]
epicentro (m)	**эпицентр** (м)	[ɛpi'ʦentr]
erupção (f)	**извержение** (с)	[izwer'ʒɛnie]
lava (f)	**лава** (ж)	['lɑvə]
turbilhão (m)	**смерч** (м)	[smerʧ]
tornado (m)	**торнадо** (м)	[tɑr'nɑdə]
tufão (m)	**тайфун** (м)	[tɑj'fʊn]
furacão (m)	**ураган** (м)	[urɑ'gɑn]
tempestade (f)	**буря** (ж)	['bʊrʲa]
tsunami (m)	**цунами** (с)	[ʦu'nɑmi]
ciclone (m)	**циклон** (м)	[ʦɪk'lɔn]
mau tempo (m)	**непогода** (ж)	[nipɑ'gɔdə]
incêndio (m)	**пожар** (м)	[pɑ'ʒɑr]
catástrofe (f)	**катастрофа** (ж)	[kɑtɑst'rɔfə]
meteorito (m)	**метеорит** (м)	[miteɑ'rit]
avalanche (f)	**лавина** (ж)	[lɑ'winə]
deslizamento (f) de neve	**обвал** (м)	[ɑb'vɑl]
nevasca (f)	**метель** (ж)	[mi'teʎ]
tempestade (f) de neve	**вьюга** (ж)	['vjygə]

FAUNA

T&P Books Publishing

87. Mamíferos. Predadores

predador (m)	**хищник** (м)	['hiɕnik]
tigre (m)	**тигр** (м)	[tigr]
leão (m)	**лев** (м)	[lef]
lobo (m)	**волк** (м)	[vɔlk]
raposa (f)	**лиса** (ж)	['lisə]
jaguar (m)	**ягуар** (м)	[jagʊ'ar]
leopardo (m)	**леопард** (м)	[lia'part]
chita (f)	**гепард** (м)	[gi'part]
pantera (f)	**пантера** (ж)	[pan'tɛrə]
puma (m)	**пума** (ж)	['pʊmə]
leopardo-das-neves (m)	**снежный барс** (м)	[s'neʒnɪj bars]
lince (m)	**рысь** (ж)	[rɪsʲ]
coiote (m)	**койот** (м)	[ka'jot]
chacal (m)	**шакал** (м)	[ʃʌ'kal]
hiena (f)	**гиена** (ж)	[gi'enə]

88. Animais selvagens

animal (m)	**животное** (с)	[ʒɪ'vɔtnae]
besta (f)	**зверь** (м)	[zwerʲ]
esquilo (m)	**белка** (ж)	['belkə]
ouriço (m)	**ёж** (м)	[ʒʃ]
lebre (f)	**заяц** (м)	['zaiʦ]
coelho (m)	**кролик** (м)	[k'rɔlik]
texugo (m)	**барсук** (м)	[bar'sʊk]
guaxinim (m)	**енот** (м)	[e'nɔt]
hamster (m)	**хомяк** (м)	[ha'mʲak]
marmota (f)	**сурок** (м)	[sʊ'rɔk]
toupeira (f)	**крот** (м)	[krɔt]
rato (m)	**мышь** (ж)	[mɪʃ]
ratazana (f)	**крыса** (ж)	[k'rɪsə]
morcego (m)	**летучая мышь** (ж)	[le'tʊʧija mɪʃ]
arminho (m)	**горностай** (м)	[garnas'taj]
zibelina (f)	**соболь** (м)	['sɔbaʎ]
marta (f)	**куница** (ж)	[kʊ'niʦə]

doninha (f)	**ласка** (ж)	['laskə]
vison (m)	**норка** (ж)	['nɔrkə]
castor (m)	**бобр** (м)	[bɔbr]
lontra (f)	**выдра** (ж)	['vɪdrə]
cavalo (m)	**лошадь** (ж)	['lɔʃʌtʲ]
alce (m) americano	**лось** (м)	[lɔsʲ]
veado (m)	**олень** (м)	[a'leɲ]
camelo (m)	**верблюд** (м)	[wirb'lyt]
bisão (m)	**бизон** (м)	[bi'zɔn]
auroque (m)	**зубр** (м)	[zubr]
búfalo (m)	**буйвол** (м)	['bʊjval]
zebra (f)	**зебра** (ж)	['zebrə]
antílope (m)	**антилопа** (ж)	[anti'lɔpə]
corça (f)	**косуля** (ж)	[ka'sʊʎa]
gamo (m)	**лань** (ж)	[laɲ]
camurça (f)	**серна** (ж)	['sernə]
javali (m)	**кабан** (м)	[ka'ban]
baleia (f)	**кит** (м)	[kit]
foca (f)	**тюлень** (м)	[ty'leɲ]
morsa (f)	**морж** (м)	[mɔrʃ]
urso-marinho (m)	**котик** (м)	['kɔtik]
golfinho (m)	**дельфин** (м)	[diʎ'fin]
urso (m)	**медведь** (м)	[mid'wetʲ]
urso (m) branco	**белый медведь** (м)	['belɪj mid'wetʲ]
panda (m)	**панда** (ж)	['pandə]
macaco (em geral)	**обезьяна** (ж)	[abi'zjanə]
chimpanzé (m)	**шимпанзе** (с)	[ʃɪmpan'ze]
orangotango (m)	**орангутанг** (м)	[arahgu'tank]
gorila (m)	**горилла** (ж)	[ga'rilə]
macaco (m)	**макака** (ж)	[ma'kakə]
gibão (m)	**гиббон** (м)	[gi'bɔn]
elefante (m)	**слон** (м)	[slɔn]
rinoceronte (m)	**носорог** (м)	[nasa'rɔk]
girafa (f)	**жираф** (м)	[ʒɪ'raf]
hipopótamo (m)	**бегемот** (м)	[bige'mɔt]
canguru (m)	**кенгуру** (м)	[kihgu'rʊ]
coala (m)	**коала** (ж)	[ka'alə]
mangusto (m)	**мангуст** (м)	[ma'ŋust]
chinchila (f)	**шиншилла** (ж)	[ʃɪn'ʃilə]
doninha-fedorenta (f)	**скунс** (м)	[skʊns]
porco-espinho (m)	**дикобраз** (м)	[dikab'ras]

89. Animais domésticos

gata (f)	**кошка** (ж)	['kɔʃkə]
gato (m) macho	**кот** (м)	[kɔt]
cavalo (m)	**лошадь** (ж)	['lɔʃʌtʲ]
garanhão (m)	**жеребец** (м)	[ʒɪre'beʦ]
égua (f)	**кобыла** (ж)	[ka'bɪlə]
vaca (f)	**корова** (ж)	[ka'rɔvə]
touro (m)	**бык** (м)	[bɪk]
boi (m)	**вол** (м)	[vɔl]
ovelha (f)	**овца** (ж)	[av'ʦa]
carneiro (m)	**баран** (м)	[ba'ran]
cabra (f)	**коза** (ж)	[ka'za]
bode (m)	**козёл** (м)	[ka'zɜl]
burro (m)	**осёл** (м)	[a'sɜl]
mula (f)	**мул** (м)	[mʊl]
porco (m)	**свинья** (ж)	[swi'ɲja]
porquinho (m)	**поросёнок** (м)	[para'sɜnak]
coelho (m)	**кролик** (м)	[k'rɔlik]
galinha (f)	**курица** (ж)	['kʊriʦə]
galo (m)	**петух** (м)	[pi'tʊh]
pato (m), pata (f)	**утка** (ж)	['utkə]
pato (macho)	**селезень** (м)	['selezeɲ]
ganso (m)	**гусь** (м)	[gʊsʲ]
peru (m)	**индюк** (м)	[in'dyk]
perua (f)	**индюшка** (ж)	[in'dyʃkə]
animais (m pl) domésticos	**домашние животные** (с мн)	[da'maʃnie ʒɪ'vɔtnɪe]
domesticado	**ручной**	[rʊʧ'nɔj]
domesticar (vt)	**приручать**	[prirʊ'ʧatʲ]
criar (vt)	**выращивать**	[vɪ'raɕivatʲ]
quinta (f)	**ферма** (ж)	['fermə]
aves (f pl) domésticas	**домашняя птица** (ж)	[da'maʃɲaja p'tiʦə]
gado (m)	**скот** (м)	[skɔt]
rebanho (m), manada (f)	**стадо** (с)	[s'tadə]
estábulo (m)	**конюшня** (ж)	[ka'nyʃɲa]
pocilga (f)	**свинарник** (м)	[swi'narnik]
vacaria (m)	**коровник** (м)	[ka'rɔvnik]
coelheira (f)	**крольчатник** (м)	[kraʎ'ʧatnik]
galinheiro (m)	**курятник** (м)	[kʊ'rʲatnik]

90. Pássaros

pássaro, ave (m)	**птица** (ж)	[p'tiʦə]
pombo (m)	**голубь** (м)	['gɔlupʲ]
pardal (m)	**воробей** (м)	[vɑrɑ'bej]
chapim-real (m)	**синица** (ж)	[si'niʦə]
pega-rabuda (f)	**сорока** (ж)	[sɑ'rɔkə]
corvo (m)	**ворон** (м)	['vɔrɑn]
gralha (f) cinzenta	**ворона** (ж)	[vɑ'rɔnə]
gralha-de-nuca-cinzenta (f)	**галка** (ж)	['gɑlkə]
gralha-calva (f)	**грач** (м)	[grɑʧ]
pato (m)	**утка** (ж)	['utkə]
ganso (m)	**гусь** (м)	[gʊsʲ]
faisão (m)	**фазан** (м)	[fɑ'zɑn]
águia (f)	**орёл** (м)	[ɑ'rɜl]
açor (m)	**ястреб** (м)	['jastrep]
falcão (m)	**сокол** (м)	['sɔkɑl]
abutre (m)	**гриф** (м)	[grif]
condor (m)	**кондор** (м)	['kɔndɑr]
cisne (m)	**лебедь** (м)	['lebetʲ]
grou (m)	**журавль** (м)	[ʒu'rɑvʎ]
cegonha (f)	**аист** (м)	['ɑist]
papagaio (m)	**попугай** (м)	[pɑpʊ'gɑj]
beija-flor (m)	**колибри** (ж)	[kɑ'libri]
pavão (m)	**павлин** (м)	[pɑv'lin]
avestruz (f)	**страус** (м)	[st'rɑus]
garça (f)	**цапля** (ж)	['ʦapʎa]
flamingo (m)	**фламинго** (с)	[flɑ'mihgə]
pelicano (m)	**пеликан** (м)	[pili'kɑn]
rouxinol (m)	**соловей** (м)	[sɑlɑ'wej]
andorinha (f)	**ласточка** (ж)	['lɑstɑʧkə]
tordo-zornal (m)	**дрозд** (м)	[drɔzt]
tordo-músico (m)	**певчий дрозд** (м)	['pevʧij drɔzt]
melro-preto (m)	**чёрный дрозд** (м)	['ʧɔrnıj drɔzt]
andorinhão (m)	**стриж** (м)	[striʃ]
cotovia (f)	**жаворонок** (м)	['ʒɑvɑrɑnɑk]
codorna (f)	**перепел** (м)	['perepel]
pica-pau (m)	**дятел** (м)	['dʲatel]
cuco (m)	**кукушка** (ж)	[kʊ'kʊʃkə]
coruja (f)	**сова** (ж)	[sɑ'vɑ]
corujão, bufo (m)	**филин** (м)	['filin]

tetraz-grande (m)	**глухарь** (м)	[glu'harʲ]
tetraz-lira (m)	**тетерев** (м)	['teteref]
perdiz-cinzenta (f)	**куропатка** (ж)	[kʊra'patkə]
estorninho (m)	**скворец** (м)	[skva'rets]
canário (m)	**канарейка** (ж)	[kana'rejkə]
galinha-do-mato (f)	**рябчик** (м)	['rʲabʧik]
tentilhão (m)	**зяблик** (м)	['zʲablik]
dom-fafe (m)	**снегирь** (м)	[sni'girʲ]
gaivota (f)	**чайка** (ж)	['ʧajkə]
albatroz (m)	**альбатрос** (м)	[aʎbat'rɔs]
pinguim (m)	**пингвин** (м)	[pihg'win]

91. Peixes. Animais marinhos

brema (f)	**лещ** (м)	[leɕ]
carpa (f)	**карп** (м)	[karp]
perca (f)	**окунь** (м)	['ɔkʊɲ]
siluro (m)	**сом** (м)	[sɔm]
lúcio (m)	**щука** (ж)	['ɕukə]
salmão (m)	**лосось** (м)	[la'sɔsʲ]
esturjão (m)	**осётр** (м)	[a'sɜtr]
arenque (m)	**сельдь** (ж)	[seʎtʲ]
salmão (m)	**сёмга** (ж)	['sɜmgə]
cavala (m), sarda (f)	**скумбрия** (ж)	[s'kʊmbrija]
solha (f)	**камбала** (ж)	['kambalə]
zander (m)	**судак** (м)	[sʊ'dak]
bacalhau (m)	**треска** (ж)	[tris'ka]
atum (m)	**тунец** (м)	[tʊ'nets]
truta (f)	**форель** (ж)	[fa'reʎ]
enguia (f)	**угорь** (м)	['ugarʲ]
raia elétrica (f)	**электрический скат** (м)	[ɛlekt'riʧeskij skat]
moreia (f)	**мурена** (ж)	[mʊ'renə]
piranha (f)	**пиранья** (ж)	[pi'raɲja]
tubarão (m)	**акула** (ж)	[a'kʊlə]
golfinho (m)	**дельфин** (м)	[diʎ'fin]
baleia (f)	**кит** (м)	[kit]
caranguejo (m)	**краб** (м)	[krap]
medusa, alforreca (f)	**медуза** (ж)	[mi'dʊzə]
polvo (m)	**осьминог** (м)	[asʲmi'nɔk]
estrela-do-mar (f)	**морская звезда** (ж)	[mars'kaja zwez'da]
ouriço-do-mar (m)	**морской ёж** (м)	[mars'kɔj ɜʃ]

cavalo-marinho (m)	**морской конёк** (м)	[mars'kɔj ka'nɜk]
ostra (f)	**устрица** (ж)	['ustritsə]
camarão (m)	**креветка** (ж)	[kri'wetkə]
lavagante (m)	**омар** (м)	[a'mar]
lagosta (f)	**лангуст** (м)	[la'ŋust]

92. Amfíbios. Répteis

serpente, cobra (f)	**змея** (ж)	[zmi'ja]
venenoso	**ядовитый**	[jada'witɪj]
víbora (f)	**гадюка** (ж)	[ga'dykə]
cobra-capelo, naja (f)	**кобра** (ж)	['kɔbrə]
piton (m)	**питон** (м)	[pi'tɔn]
jiboia (f)	**удав** (м)	[u'daf]
cobra-de-água (f)	**уж** (м)	[uʃ]
cascavel (f)	**гремучая змея** (ж)	[gri'mʊʧaja zmi'ja]
anaconda (f)	**анаконда** (ж)	[ana'kɔndə]
lagarto (m)	**ящерица** (ж)	['jaɕiritsə]
iguana (f)	**игуана** (ж)	[igʊ'anə]
varano (m)	**варан** (м)	[va'ran]
salamandra (f)	**саламандра** (ж)	[sala'mandrə]
camaleão (m)	**хамелеон** (м)	[hamili'ɔn]
escorpião (m)	**скорпион** (м)	[skarpi'ɔn]
tartaruga (f)	**черепаха** (ж)	[ʧiri'pahə]
rã (f)	**лягушка** (ж)	[li'gʊʃkə]
sapo (m)	**жаба** (ж)	['ʒabə]
crocodilo (m)	**крокодил** (м)	[kraka'dil]

93. Insetos

inseto (m)	**насекомое** (с)	[nase'kɔmae]
borboleta (f)	**бабочка** (ж)	['babaʧkə]
formiga (f)	**муравей** (м)	[mʊra'wej]
mosca (f)	**муха** (ж)	['mʊhə]
mosquito (m)	**комар** (м)	[ka'mar]
escaravelho (m)	**жук** (м)	[ʒuk]
vespa (f)	**оса** (ж)	[a'sa]
abelha (f)	**пчела** (ж)	[pʧi'la]
zangão (m)	**шмель** (м)	[ʃmeʎ]
moscardo (m)	**овод** (м)	['ɔvat]
aranha (f)	**паук** (м)	[pa'uk]
teia (f) de aranha	**паутина** (ж)	[pau'tinə]

libélula (f)	**стрекоза** (ж)	[strekɑ'zɑ]
gafanhoto-do-campo (m)	**кузнечик** (м)	[kʊz'neʧik]
traça (f)	**мотылёк** (м)	[mɑtı'lɜk]
barata (f)	**таракан** (м)	[tɑrɑ'kɑn]
carraça (f)	**клещ** (м)	[kleɕ]
pulga (f)	**блоха** (ж)	[blɑ'hɑ]
borrachudo (m)	**мошка** (ж)	['mɔʃkə]
gafanhoto (m)	**саранча** (ж)	[sɑrɑɲ'ʧa]
caracol (m)	**улитка** (ж)	[u'litkə]
grilo (m)	**сверчок** (м)	[swir'ʧɔk]
pirilampo (m)	**светлячок** (м)	[switli'ʧɔk]
joaninha (f)	**божья коровка** (ж)	['bɔʒjɑ kɑ'rɔfkə]
besouro (m)	**майский жук** (м)	['mɑjskij ʒuk]
sanguessuga (f)	**пиявка** (ж)	[pi'jafkə]
lagarta (f)	**гусеница** (ж)	['gʊsenitsə]
minhoca (f)	**червь** (м)	['ʧerfʲ]
larva (f)	**личинка** (ж)	[li'ʧinkə]

FLORA

T&P Books Publishing

94. Árvores

árvore (f)	**дерево** (с)	['derevə]
decídua	**лиственное**	['listwenɑe]
conífera	**хвойное**	[h'vɔjnɑe]
perene	**вечнозеленое**	[wetʃnɑze'lɜnɑe]
macieira (f)	**яблоня** (ж)	['jablɑɲa]
pereira (f)	**груша** (ж)	[g'rʊʃə]
cerejeira (f)	**черешня** (ж)	[tʃi'reʃɲa]
ginjeira (f)	**вишня** (ж)	['wiʃɲa]
ameixeira (f)	**слива** (ж)	[s'livə]
bétula (f)	**берёза** (ж)	[bi'rɜzə]
carvalho (m)	**дуб** (м)	[dʊp]
tília (f)	**липа** (ж)	['lipə]
choupo-tremedor (m)	**осина** (ж)	[ɑ'sinə]
bordo (m)	**клён** (м)	['klɜn]
espruce-europeu (m)	**ель** (ж)	[eʎ]
pinheiro (m)	**сосна** (ж)	[sɑs'nɑ]
alerce, lariço (m)	**лиственница** (ж)	['listwenitsə]
abeto (m)	**пихта** (ж)	['pihtə]
cedro (m)	**кедр** (м)	[kedr]
choupo, álamo (m)	**тополь** (м)	['tɔpɑʎ]
tramazeira (f)	**рябина** (ж)	[ri'binə]
salgueiro (m)	**ива** (ж)	['ivə]
amieiro (m)	**ольха** (ж)	[ɑʎ'hɑ]
faia (f)	**бук** (м)	[bʊk]
ulmeiro (m)	**вяз** (м)	[vʲas]
freixo (m)	**ясень** (м)	['jaseɲ]
castanheiro (m)	**каштан** (м)	[kɑʃ'tɑn]
magnólia (f)	**магнолия** (ж)	[mɑg'nɔlija]
palmeira (f)	**пальма** (ж)	['pɑʎmə]
cipreste (m)	**кипарис** (м)	['kipɑris]
mangue (m)	**мангровое дерево** (с)	['mɑhgrɑvɑe 'derevə]
embondeiro, baobá (m)	**баобаб** (м)	[bɑɑ'bɑp]
eucalipto (m)	**эвкалипт** (м)	[ɛfkɑ'lipt]
sequoia (f)	**секвойя** (ж)	[sik'vɔja]

95. Arbustos

arbusto (m)	**куст** (м)	[kʊst]
arbusto (m), moita (f)	**кустарник** (м)	[kʊs'tarnik]
videira (f)	**виноград** (м)	[winag'rat]
vinhedo (m)	**виноградник** (м)	[winag'radnik]
framboeseira (f)	**малина** (ж)	[ma'linə]
groselheira-preta (f)	**чёрная смородина** (ж)	['ʧɔrnaja sma'rɔdinə]
groselheira-vermelha (f)	**красная смородина** (ж)	[k'rasnaja sma'rɔdinə]
groselheira (f) espinhosa	**крыжовник** (м)	[krı'ʒɔvnik]
acácia (f)	**акация** (ж)	[a'kaʦıja]
bérberis (f)	**барбарис** (м)	[barba'ris]
jasmim (m)	**жасмин** (м)	[ʒas'min]
junípero (m)	**можжевельник** (м)	[maʒɛ'weʎnik]
roseira (f)	**розовый куст** (м)	['rɔzavıj kʊst]
roseira (f) brava	**шиповник** (м)	[ʃı'pɔvnik]

96. Frutos. Bagas

maçã (f)	**яблоко** (с)	['jablakə]
pera (f)	**груша** (ж)	[g'rʊʃə]
ameixa (f)	**слива** (ж)	[s'livə]
morango (m)	**клубника** (ж)	[klub'nikə]
ginja (f)	**вишня** (ж)	['wiʃna]
cereja (f)	**черешня** (ж)	[ʧi'reʃna]
uva (f)	**виноград** (м)	[winag'rat]
framboesa (f)	**малина** (ж)	[ma'linə]
groselha (f) preta	**чёрная смородина** (ж)	['ʧɔrnaja sma'rɔdinə]
groselha (f) vermelha	**красная смородина** (ж)	[k'rasnaja sma'rɔdinə]
groselha (f) espinhosa	**крыжовник** (м)	[krı'ʒɔvnik]
oxicoco (m)	**клюква** (ж)	[k'lykvə]
laranja (f)	**апельсин** (м)	[apiʎ'sin]
tangerina (f)	**мандарин** (м)	[manda'rin]
ananás (m)	**ананас** (м)	[ana'nas]
banana (f)	**банан** (м)	[ba'nan]
tâmara (f)	**финик** (м)	['finik]
limão (m)	**лимон** (м)	[li'mɔn]
damasco (m)	**абрикос** (м)	[abri'kɔs]
pêssego (m)	**персик** (м)	['persik]
kiwi (m)	**киви** (м)	['kiwi]
toranja (f)	**грейпфрут** (м)	[gripf'rʊt]

baga (f)	**ягода** (ж)	['jagadə]
bagas (f pl)	**ягоды** (ж мн)	['jagadı]
arando (m) vermelho	**брусника** (ж)	[brʊs'nikə]
morango-silvestre (m)	**земляника** (ж)	[zemli'nikə]
mirtilo (m)	**черника** (ж)	[ʧir'nikə]

97. Flores. Plantas

flor (f)	**цветок** (м)	[ʦwi'tɔk]
ramo (m) de flores	**букет** (м)	[bʊ'ket]
rosa (f)	**роза** (ж)	['rɔzə]
tulipa (f)	**тюльпан** (м)	[tyʎ'pan]
cravo (m)	**гвоздика** (ж)	[gvaz'dikə]
gladíolo (m)	**гладиолус** (м)	[gladi'ɔlus]
centáurea (f)	**василёк** (м)	[vasi'lɜk]
campânula (f)	**колокольчик** (м)	[kala'kɔʎʧik]
dente-de-leão (m)	**одуванчик** (м)	[adʊ'vaɲʧik]
camomila (f)	**ромашка** (ж)	[ra'maʃkə]
aloé (m)	**алоэ** (с)	[a'lɔɛ]
cato (m)	**кактус** (м)	['kaktʊs]
fícus (m)	**фикус** (м)	['fikʊs]
lírio (m)	**лилия** (ж)	['lilija]
gerânio (m)	**герань** (ж)	[gi'raɲ]
jacinto (m)	**гиацинт** (м)	[gia'ʦınt]
mimosa (f)	**мимоза** (ж)	[mi'mɔzə]
narciso (m)	**нарцисс** (м)	[nar'ʦıs]
capuchinha (f)	**настурция** (ж)	[nas'tʊrʦıja]
orquídea (f)	**орхидея** (ж)	[arhi'deja]
peónia (f)	**пион** (м)	[pi'ɔn]
violeta (f)	**фиалка** (ж)	[fi'alkə]
amor-perfeito (m)	**анютины глазки** (мн)	[a'nytinı g'laski]
não-me-esqueças (m)	**незабудка** (ж)	[niza'bʊtkə]
margarida (f)	**маргаритка** (ж)	[marga'ritkə]
papoula (f)	**мак** (м)	[mak]
cânhamo (m)	**конопля** (ж)	[kanap'ʎa]
hortelã (f)	**мята** (ж)	['mʲatə]
lírio-do-vale (m)	**ландыш** (м)	['landıʃ]
campânula-branca (f)	**подснежник** (м)	[pats'neʒnik]
urtiga (f)	**крапива** (ж)	[kra'pivə]
azeda (f)	**щавель** (м)	['ɕaweʎ]

nenúfar (m)	**кувшинка** (ж)	[kʊf'ʃinkə]
feto (m), samambaia (f)	**папоротник** (м)	['paparatnik]
líquen (m)	**лишайник** (м)	[li'ʃʌjnik]
estufa (f)	**оранжерея** (ж)	[aranʒɪ'reja]
relvado (m)	**газон** (м)	[ga'zɔn]
canteiro (m) de flores	**клумба** (ж)	[k'lumbə]
planta (f)	**растение** (с)	[ras'tenie]
erva (f)	**трава** (ж)	[tra'va]
folha (f) de erva	**травинка** (ж)	[tra'winkə]
folha (f)	**лист** (м)	[list]
pétala (f)	**лепесток** (м)	[lipes'tɔk]
talo (m)	**стебель** (м)	[s'tebeʎ]
tubérculo (m)	**клубень** (м)	[k'lubeɲ]
broto, rebento (m)	**росток** (м)	[ras'tɔk]
espinho (m)	**шип** (м)	[ʃɪp]
florescer (vi)	**цвести**	[ʦwis'ti]
murchar (vi)	**вянуть**	['vʲanʊtʲ]
cheiro (m)	**запах** (м)	['zapah]
cortar (flores)	**срезать**	[s'rezatʲ]
colher (uma flor)	**сорвать**	[sar'vatʲ]

98. Cereais, grãos

grão (m)	**зерно** (с)	[zer'nɔ]
cereais (plantas)	**зерновые растения** (с мн)	[zerna'vɪe ras'tenija]
espiga (f)	**колос** (м)	['kɔlas]
trigo (m)	**пшеница** (ж)	[pʃɪ'niʦə]
centeio (m)	**рожь** (ж)	[rɔʃ]
aveia (f)	**овёс** (м)	[a'wɜs]
milho-miúdo (m)	**просо** (с)	[p'rɔsə]
cevada (f)	**ячмень** (м)	[iʧ'meɲ]
milho (m)	**кукуруза** (ж)	[kʊkʊ'rʊzə]
arroz (m)	**рис** (м)	[ris]
trigo-sarraceno (m)	**гречиха** (ж)	[gri'ʧihə]
ervilha (f)	**горох** (м)	[ga'rɔh]
feijão (m)	**фасоль** (ж)	[fa'sɔʎ]
soja (f)	**соя** (ж)	['sɔja]
lentilha (f)	**чечевица** (ж)	[ʧiʧe'wiʦə]
fava (f)	**бобы** (мн)	[ba'bɪ]

PAÍSES DO MUNDO

T&P Books Publishing

99. Países. Parte 1

Afeganistão (m)	**Афганистан** (м)	[afganis'tan]
África do Sul (f)	**ЮАР** (м)	[ju'ar]
Albânia (f)	**Албания** (ж)	[al'banija]
Alemanha (f)	**Германия** (ж)	[gir'manija]
Arábia (f) Saudita	**Саудовская Аравия** (ж)	[sa'udafskaja a'rawija]
Argentina (f)	**Аргентина** (ж)	[argen'tinə]
Arménia (f)	**Армения** (ж)	[ar'menija]
Austrália (f)	**Австралия** (ж)	[afst'ralija]
Áustria (f)	**Австрия** (ж)	['afstrija]
Azerbaijão (m)	**Азербайджан** (м)	[azirbaj'ʤan]
Bahamas (f pl)	**Багамские острова** (ж)	[ba'gamskie astra'va]
Bangladesh (m)	**Бангладеш** (м)	[bahgla'deʃ]
Bélgica (f)	**Бельгия** (ж)	['beʎgija]
Bielorrússia (f)	**Беларусь** (ж)	[bila'rʊsʲ]
Bolívia (f)	**Боливия** (ж)	[ba'liwija]
Bósnia e Herzegovina (f)	**Босния и Герцеговина** (ж)	['bɔsnia i girʦəga'winə]
Brasil (m)	**Бразилия** (ж)	[bra'zilija]
Bulgária (f)	**Болгария** (ж)	[bal'garija]
Camboja (f)	**Камбоджа** (ж)	[kam'bɔʤə]
Canadá (m)	**Канада** (ж)	[ka'nadə]
Cazaquistão (m)	**Казахстан** (м)	[kazahs'tan]
Chile (m)	**Чили** (ж)	['ʧili]
China (f)	**Китай** (м)	[ki'taj]
Chipre (m)	**Кипр** (м)	[kipr]
Colômbia (f)	**Колумбия** (ж)	[ka'lumbija]
Coreia do Norte (f)	**Северная Корея** (ж)	['sewernaja ka'reja]
Coreia do Sul (f)	**Южная Корея** (ж)	['juʒnaja ka'reja]
Croácia (f)	**Хорватия** (ж)	[har'vatija]
Cuba (f)	**Куба** (ж)	['kʊbə]
Dinamarca (f)	**Дания** (ж)	['danija]
Egito (m)	**Египет** (м)	[e'gipet]
Emirados Árabes Unidos	**Объединённые Арабские Эмираты** (мн)	[abjedi'nɜnnɪe a'rapskie ɛmi'ratɪ]
Equador (m)	**Эквадор** (м)	[ɛkva'dɔr]
Escócia (f)	**Шотландия** (ж)	[ʃʌt'landija]
Eslováquia (f)	**Словакия** (ж)	[sla'vakija]
Eslovénia (f)	**Словения** (ж)	[sla'wenija]
Espanha (f)	**Испания** (ж)	[is'panija]

Estados Unidos da América	**Соединённые Штаты** (мн) **Америки**	[saedi'nɜnnɪe ʃtatı a'meriki]
Estónia (f)	**Эстония** (ж)	[ɛs'tɔnija]

100. Países. Parte 2

Finlândia (f)	**Финляндия** (ж)	[fin'ʎandija]
França (f)	**Франция** (ж)	[f'rantsıja]
Gana (f)	**Гана** (ж)	['ganə]
Geórgia (f)	**Грузия** (ж)	[g'rʊzija]
Grã-Bretanha (f)	**Великобритания** (ж)	[wilikabri'tanija]
Grécia (f)	**Греция** (ж)	[g'retsıja]
Haiti (m)	**Гаити** (м)	[ga'iti]
Hungria (f)	**Венгрия** (ж)	['wehgrija]
Índia (f)	**Индия** (ж)	['indija]
Indonésia (f)	**Индонезия** (ж)	[inda'nɛzija]
Inglaterra (f)	**Англия** (ж)	['ahglija]
Irão (m)	**Иран** (м)	[i'ran]
Iraque (m)	**Ирак** (м)	[i'rak]
Irlanda (f)	**Ирландия** (ж)	[ir'landija]
Islândia (f)	**Исландия** (ж)	[is'landija]
Israel (m)	**Израиль** (м)	[iz'raiʎ]
Itália (f)	**Италия** (ж)	[i'talija]
Jamaica (f)	**Ямайка** (ж)	[ja'majkə]
Japão (m)	**Япония** (ж)	[ja'pɔnija]
Jordânia (f)	**Иордания** (ж)	[iar'danija]
Kuwait (m)	**Кувейт** (м)	[kʊ'wejt]
Laos (m)	**Лаос** (м)	[la'ɔs]
Letónia (f)	**Латвия** (ж)	['latwija]
Líbano (m)	**Ливан** (м)	[li'van]
Líbia (f)	**Ливия** (ж)	['liwija]
Liechtenstein (m)	**Лихтенштейн** (м)	[lihtɛnʃ'tɛjn]
Lituânia (f)	**Литва** (ж)	[lit'va]
Luxemburgo (m)	**Люксембург** (м)	[lyksem'bʊrk]
Macedónia (f)	**Македония** (ж)	[make'dɔnija]
Madagáscar (m)	**Мадагаскар** (м)	[madagas'kar]
Malásia (f)	**Малайзия** (ж)	[ma'lajzija]
Malta (f)	**Мальта** (ж)	['maʎtə]
Marrocos	**Марокко** (с)	[ma'rɔkkə]
México (m)	**Мексика** (ж)	['meksikə]
Mianmar, Birmânia	**Мьянма** (ж)	['mjanmə]
Moldávia (f)	**Молдова** (ж)	[mal'dɔvə]
Mónaco (m)	**Монако** (с)	[ma'nakə]
Mongólia (f)	**Монголия** (ж)	[ma'ŋɔlija]
Montenegro (m)	**Черногория** (ж)	[ʧirna'gɔrija]

Namíbia (f)	**Намибия** (ж)	[nɑ'mibija]
Nepal (m)	**Непал** (м)	[ni'pɑl]
Noruega (f)	**Норвегия** (ж)	[nɑr'wegija]
Nova Zelândia (f)	**Новая Зеландия** (ж)	['nɔvɑja ze'lɑndija]

101. Países. Parte 3

Países (m pl) Baixos	**Нидерланды** (мн)	[nider'lɑndı]
Palestina (f)	**Палестина** (ж)	[pɑles'tinə]
Panamá (m)	**Панама** (ж)	[pɑ'nɑmə]
Paquistão (m)	**Пакистан** (м)	[pɑkis'tɑn]
Paraguai (m)	**Парагвай** (м)	[pɑrɑg'vɑj]
Peru (m)	**Перу** (с)	[pi'rʊ]
Polinésia Francesa (f)	**Французская Полинезия** (ж)	[frɑn'ʦuskɑja pɑli'nezija]
Polónia (f)	**Польша** (ж)	['pɔʎʃə]
Portugal (m)	**Португалия** (ж)	[pɑrtʊ'gɑlija]
Quénia (f)	**Кения** (ж)	['kenija]
Quirguizistão (m)	**Кыргызстан** (м)	[kırgıs'tɑn]
República (f) Checa	**Чехия** (ж)	['ʧehija]
República (f) Dominicana	**Доминиканская республика** (ж)	[dɑmini'kɑnskɑja res'pʊblikə]
Roménia (f)	**Румыния** (ж)	[rʊ'mınija]
Rússia (f)	**Россия** (ж)	[rɑ'sija]
Senegal (m)	**Сенегал** (м)	[sine'gɑl]
Sérvia (f)	**Сербия** (ж)	['serbija]
Síria (f)	**Сирия** (ж)	['sirija]
Suécia (f)	**Швеция** (ж)	['ʃweʦıja]
Suíça (f)	**Швейцария** (ж)	[ʃwi'ʦarija]
Suriname (m)	**Суринам** (м)	[sʊri'nɑm]
Tailândia (f)	**Таиланд** (м)	[tɑi'lɑnt]
Taiwan (m)	**Тайвань** (м)	[tɑj'vɑɲ]
Tajiquistão (m)	**Таджикистан** (м)	[tɑʤıkis'tɑn]
Tanzânia (f)	**Танзания** (ж)	[tɑn'zɑnija]
Tasmânia (f)	**Тасмания** (ж)	[tɑs'mɑnija]
Tunísia (f)	**Тунис** (м)	[tʊ'nis]
Turquemenistão (m)	**Туркменистан** (м)	[tʊrkmenis'tɑn]
Turquia (f)	**Турция** (ж)	['tʊrʦıja]
Ucrânia (f)	**Украина** (ж)	[ukrɑ'inə]
Uruguai (m)	**Уругвай** (м)	[urʊg'vɑj]
Uzbequistão (f)	**Узбекистан** (м)	[uzbekis'tɑn]
Vaticano (m)	**Ватикан** (м)	[vɑti'kɑn]
Venezuela (f)	**Венесуэла** (ж)	[winesʊ'ɛlə]
Vietname (m)	**Вьетнам** (м)	[vjet'nɑm]
Zanzibar (m)	**Занзибар** (м)	[zɑnzi'bɑr]

T&P BOOKS

DICIONÁRIO GASTRONÔMICO

Esta secção contém uma
série de palavras e termos
associados aos alimentos.
Este dicionário fará com
que seja mais fácil para si
entender o menu num
restaurante e escolher o
prato certo

T&P Books Publishing

água (f)	**вода** (ж)	[va'da]
água (f) mineral	**минеральная вода** (ж)	[mini'raʎnaja va'da]
água (f) potável	**питьевая вода** (ж)	[pitje'vaja va'da]
óleo (m)	**растительное масло** (с)	[ras'titeʎnae 'maslə]
óleo (m) de girassol	**подсолнечное масло** (с)	[pa'ʦɔlneʧnae 'maslə]
açúcar (m)	**сахар** (м)	['sahar]
açafrão (m)	**шафран** (м)	[ʃʌf'ran]
abóbora (f)	**тыква** (ж)	['tıkvə]
abacate (m)	**авокадо** (с)	[ava'kadə]
abre-latas (m)	**открывалка** (ж)	[atkrı'valkə]
abridor (m) de garrafas	**открывалка** (ж)	[atkrı'valkə]
agário-das-moscas (m)	**мухомор** (м)	[mʊha'mɔr]
aipo (m)	**сельдерей** (м)	[siʎde'rej]
alcachofra (f)	**артишок** (м)	[arti'ʃɔk]
alface (f)	**салат** (м)	[sa'lat]
alho (m)	**чеснок** (м)	[ʧis'nɔk]
almoço (m)	**обед** (м)	[a'bet]
amêndoa (f)	**миндаль** (м)	[min'daʎ]
amargo	**горький**	['gɔrʲkij]
ameixa (f)	**слива** (ж)	[s'livə]
amendoim (m)	**арахис** (м)	[a'rahis]
amora silvestre (f)	**ежевика** (ж)	[eʒı'wikə]
ananás (m)	**ананас** (м)	[ana'nas]
anis (m)	**анис** (м)	[a'nis]
aperitivo (m)	**аперитив** (м)	[apiri'tif]
apetite (m)	**аппетит** (м)	[api'tit]
arando (m) vermelho	**брусника** (ж)	[brʊs'nikə]
arenque (m)	**сельдь** (ж)	[seʎtʲ]
arroz (m)	**рис** (м)	[ris]
atum (m)	**тунец** (м)	[tʊ'neʦ]
aveia (f)	**овёс** (м)	[a'wɜs]
avelã (f)	**лесной орех** (м)	[lis'nɔj a'reh]
azeite (m)	**оливковое масло** (с)	[a'lifkavae 'maslə]
azeitonas (f pl)	**оливки** (мн)	[a'lifki]
bacalhau (m)	**треска** (ж)	[tris'ka]
bacon (m)	**бекон** (м)	[bi'kɔn]
baga (f)	**ягода** (ж)	['jagadə]
bagas (f pl)	**ягоды** (ж мн)	['jagadı]
banana (f)	**банан** (м)	[ba'nan]
bar (m)	**бар** (м)	[bar]
barman (m)	**бармен** (м)	[bar'men]
batata (f)	**картофель** (м)	[kar'tɔfeʎ]
batido (m) de leite	**молочный коктейль** (м)	[ma'lɔʧnıj kak'tɛjʎ]
bebida (f) sem álcool	**безалкогольный напиток** (м)	[bizalka'gɔʎnıj na'pitak]

bebidas (f pl) alcoólicas	**алкогольные напитки** (мн)	[alka'gɔʎnɪe na'pitki]
beringela (f)	**баклажан** (м)	[bakla'ʒan]
beterraba (f)	**свёкла** (ж)	['swɜklə]
bife (m)	**бифштекс** (м)	[bifʃ'tɛks]
bocado, pedaço (m)	**кусок** (м)	[kʊ'sɔk]
bolacha (f)	**печенье** (с)	[pi'ʧeɲje]
boleto (m) áspero	**подосиновик** (м)	[pada'sinawik]
boleto (m) castanho	**подберёзовик** (м)	[padbe'rɜzawik]
bolo (m)	**пирожное** (с)	[pi'rɔʒnae]
bolo (m) de aniversário	**торт** (м)	[tɔrt]
Bom apetite!	**Приятного аппетита!**	[pri'jatnava ape'tita]
brócolos (m pl)	**капуста брокколи** (ж)	[ka'pʊsta b'rɔkali]
brema (f)	**лещ** (м)	[leɕ]
caça (f)	**дичь** (ж)	[diʧ]
café (m)	**кофе** (м)	['kɔfe]
café (m) com leite	**кофе** (м) **с молоком**	['kɔfe s mala'kɔm]
café (m) puro	**чёрный кофе** (м)	['ʧɔrnɪj 'kɔfe]
café (m) solúvel	**растворимый кофе** (м)	[rastva'rimɪj 'kɔfe]
caldo (m)	**бульон** (м)	[bʊ'ʎjon]
caloria (f)	**калория** (ж)	[ka'lɔrija]
camarão (m)	**креветка** (ж)	[kri'wetkə]
canela (f)	**корица** (ж)	[ka'riʦə]
cantarelo (m)	**лисичка** (ж)	[li'siʧkə]
cappuccino (m)	**кофе** (м) **со сливками**	['kɔfe sa s'lifkami]
caranguejo (m)	**краб** (м)	[krap]
carne (f)	**мясо** (с)	['mʲasə]
carne (f) de carneiro	**баранина** (ж)	[ba'raninə]
carne (f) de coelho	**кролик** (м)	[k'rɔlik]
carne (f) de porco	**свинина** (ж)	[swi'ninə]
carne (f) de vaca	**говядина** (ж)	[ga'vʲadinə]
carne (f) de vitela	**телятина** (ж)	[ti'ʎatinə]
carne (f) moída	**фарш** (м)	[farʃ]
carpa (f)	**карп** (м)	[karp]
casca (f)	**кожура** (ж)	[kaʒu'ra]
cavala (m), sarda (f)	**скумбрия** (ж)	[s'kʊmbrija]
caviar (m)	**икра** (ж)	[ik'ra]
cebola (f)	**лук** (м)	[luk]
cenoura (f)	**морковь** (ж)	[mar'kɔfʲ]
centeio (m)	**рожь** (ж)	[rɔʃ]
cepe-de-bordéus (m)	**белый гриб** (м)	['belɪj grip]
cereais (m pl)	**зерновые растения** (с мн)	[zerna'vɪe ras'tenija]
cereja (f)	**черешня** (ж)	[ʧi'reʃna]
cerveja (f)	**пиво** (с)	['pivə]
cerveja (f) clara	**светлое пиво** (с)	[s'wetlae 'pivə]
cerveja (m) preta	**тёмное пиво** (с)	['tɜmnae 'pivə]
cevada (f)	**ячмень** (м)	[iʧ'meɲ]
chá (m)	**чай** (м)	[ʧaj]
chá (m) preto	**чёрный чай** (м)	['ʧɔrnɪj ʧaj]
chá (m) verde	**зелёный чай** (м)	[zi'lɜnɪj ʧaj]
chávena (f)	**чашка** (ж)	['ʧaʃkə]

champanhe (m)	**шампанское** (с)	[ʃʌm'panskae]
chocolate (m)	**шоколад** (м)	[ʃʌka'lat]
chouriço (m)	**колбаса** (ж)	[kalba'sa]
cicuta (f) verde	**поганка** (ж)	[pa'gankə]
clara (f) do ovo	**белок** (м)	[bi'lɔk]
coco (m)	**кокосовый орех** (м)	[ka'kɔsavɪj a'reh]
coentro (m)	**кориандр** (м)	[kari'andr]
cogumelo (m)	**гриб** (м)	[grip]
cogumelo (m) comestível	**съедобный гриб** (м)	[sʰe'dɔbnɪj grip]
cogumelo (m) venenoso	**ядовитый гриб** (м)	[jada'witɪj grip]
colher (f)	**ложка** (ж)	['lɔʃkə]
colher (f) de chá	**чайная ложка** (ж)	['ʧajnaja 'lɔʃkə]
colher (f) de sopa	**столовая ложка** (ж)	[sta'lɔvaja 'lɔʃkə]
com gás	**с газом**	[s gazam]
com gelo	**со льдом**	[saʎ'dɔm]
comida (f)	**еда** (ж)	[e'da]
cominho (m)	**тмин** (м)	[tmin]
condimento (m)	**приправа** (ж)	[prip'ravə]
conduto (m)	**гарнир** (м)	[gar'nir]
congelado	**замороженный**	[zama'rɔʒɪnɪj]
conhaque (m)	**коньяк** (м)	[ka'ɲjak]
conservas (f pl)	**консервы** (мн)	[kan'servɪ]
conta (f)	**счёт** (м)	['ɕɜt]
copo (m)	**стакан** (м)	[sta'kan]
coquetel (m)	**коктейль** (м)	[kak'tɛjʎ]
couve (f)	**капуста** (ж)	[ka'pʊstə]
couve-de-bruxelas (f)	**брюссельская капуста** (ж)	[bry'seʎskaja ka'pʊstə]
couve-flor (f)	**цветная капуста** (ж)	[ʦwet'naja ka'pʊstə]
cozido	**варёный**	[va'rɜnɪj]
cozinha (f)	**кухня** (ж)	['kʊhɲa]
cravo (m)	**гвоздика** (ж)	[gvaz'dikə]
creme (m)	**крем** (м)	[krem]
creme (m) azedo	**сметана** (ж)	[smi'tanə]
croquete (m)	**котлета** (ж)	[kat'letə]
crustáceos (m pl)	**ракообразные** (мн)	[rakaab'raznɪe]
curgete (f)	**кабачок** (м)	[kaba'ʧɔk]
damasco (m)	**абрикос** (м)	[abri'kɔs]
de chocolate	**шоколадный**	[ʃʌka'ladnɪj]
dieta (f)	**диета** (ж)	[di'etə]
doce (m)	**джем, конфитюр**	[ʤɛm], [kanfi'tyr]
doce (m)	**варенье** (с)	[va'reɲje]
doce, açucarado	**сладкий**	[s'latkij]
em vinagre	**маринованный**	[mari'nɔvanɪj]
ementa (f)	**меню** (с)	[mi'ny]
empregada (f) de mesa	**официантка** (ж)	[afiʦɪ'antkə]
empregado (m) de mesa	**официант** (м)	[afiʦɪ'ant]
enguia (f)	**угорь** (м)	['ugarʲ]
entrada (f)	**закуска** (ж)	[za'kʊskə]
ervilha (f)	**горох** (м)	[ga'rɔh]
espaguete (m)	**спагетти** (мн)	[spa'getti]
espargo (m)	**спаржа** (ж)	[s'parʒə]

especiaria (f)	**пряность** (ж)	[p'rʲanastʲ]
espiga (f)	**колос** (м)	['kɔlas]
espinafre (m)	**шпинат** (м)	[ʃpi'nat]
esturjão (m)	**осетрина** (ж)	[asit'rinə]
faca (f)	**нож** (м)	[nɔʃ]
farinha (f)	**мука** (ж)	[mʊ'ka]
fatia (f)	**ломтик** (м)	['lɔmtik]
fava (f)	**бобы** (мн)	[ba'bɪ]
feijão (m)	**фасоль** (ж)	[fa'sɔʎ]
fiambre (f)	**ветчина** (ж)	[witʧi'na]
figo (m)	**инжир** (м)	[in'ʒir]
flocos (m pl) de milho	**кукурузные хлопья** (мн)	[kʊkʊ'rʊznɪe h'lɔpja]
folhas (f pl) de louro	**лавровый лист** (м)	[lav'rɔvɪj list]
framboesa (f)	**малина** (ж)	[ma'linə]
frio	**холодный**	[ha'lɔdnɪj]
frito	**жареный**	['ʒarenɪj]
fruta (f)	**фрукт** (м)	[frʊkt]
fumado	**копчёный**	[kap'ʧɔnɪj]
funcho, endro (m)	**укроп** (м)	[uk'rɔp]
galinha (f)	**курица** (ж)	['kʊriʦə]
ganso (m)	**гусь** (м)	[gʊsʲ]
garfo (m)	**вилка** (ж)	['wilkə]
gaseificada	**газированная**	[gazi'rɔvanaja]
gelado (m)	**мороженое** (с)	[ma'rɔʒnae]
geleia (f) de frutas	**мармелад** (м)	[marme'lat]
gelo (m)	**лёд** (м)	['lɜt]
gema (f) do ovo	**желток** (м)	[ʒɪl'tɔk]
gengibre (m)	**имбирь** (м)	[im'birʲ]
gim (m)	**джин** (м)	[ʤɪn]
ginja (f)	**вишня** (ж)	['wiʃna]
gorduras (f pl)	**жиры** (мн)	[ʒɪ'rɪ]
gorjeta (f)	**чаевые** (мн)	[ʧii'vɪe]
gostinho (m)	**привкус** (м)	[p'rifkʊs]
gostoso	**вкусный**	[f'kʊsnɪj]
grão (m)	**зерно** (с)	[zer'nɔ]
grãos (m pl) de cereais	**крупа** (ж)	[krʊ'pa]
groselha (f) espinhosa	**крыжовник** (м)	[krɪ'ʒɔvnik]
groselha (f) preta	**чёрная смородина** (ж)	['ʧɔrnaja sma'rɔdinə]
groselha (f) vermelha	**красная смородина** (ж)	[k'rasnaja sma'rɔdinə]
guisado (m)	**жаркое** (с)	[ʒar'kɔe]
halibute (m)	**палтус** (м)	['paltʊs]
hambúrguer (m)	**гамбургер** (м)	['gambʊrger]
hidratos (m pl) de carbono	**углеводы** (мн)	[ugle'vɔdɪ]
iogurte (m)	**йогурт** (м)	['jogʊrt]
iscas (f pl)	**печень** (ж)	['peʧeɲ]
jantar (m)	**ужин** (м)	['uʒɪn]
kiwi (m)	**киви** (м)	['kiwi]
língua (f)	**язык** (м)	[ja'zɪk]
lúcio (m)	**щука** (ж)	['ɕukə]
lagosta (f)	**лангуст** (м)	[la'ŋust]
laranja (f)	**апельсин** (м)	[apiʎ'sin]
legumes (m pl)	**овощи** (м мн)	['ɔvaɕi]

leite (m)	**молоко** (с)	[mala'kɔ]
leite (m) condensado	**сгущённое молоко** (с)	[sgʊ'ɕɜnae mala'kɔ]
lentilha (f)	**чечевица** (ж)	[ʧiʧe'witsə]
licor (m)	**ликёр** (м)	[li'kɜr]
limão (m)	**лимон** (м)	[li'mɔn]
limonada (f)	**лимонад** (м)	[lima'nat]
lista (f) de vinhos	**карта** (ж) **вин**	['karta win]
lula (f)	**кальмар** (м)	[kaʎ'mar]
maçã (f)	**яблоко** (с)	['jablakə]
maionese (f)	**майонез** (м)	[mai'nɛs]
manga (f)	**манго** (с)	['mahgə]
manjericão (m)	**базилик** (м)	[bazi'lik]
manteiga (f)	**сливочное масло** (с)	[s'livaʧnae 'maslə]
margarina (f)	**маргарин** (м)	[marga'rin]
marisco (m)	**морепродукты** (мн)	[marepra'dʊktı]
massas (f pl)	**макароны** (мн)	[maka'rɔnı]
mel (m)	**мёд** (м)	['mɜt]
melancia (f)	**арбуз** (м)	[ar'bʊs]
meloa (f), melão (m)	**дыня** (ж)	['dıɲa]
migalha (f)	**крошка** (ж)	[k'rɔʃkə]
milho (m)	**кукуруза** (ж)	[kʊkʊ'rʊzə]
milho (m)	**кукуруза** (ж)	[kʊkʊ'rʊzə]
milho-miúdo (m)	**просо** (с)	[p'rɔsə]
mirtilo (m)	**черника** (ж)	[ʧir'nikə]
molho (m)	**соус** (м)	['sɔus]
morango (m)	**клубника** (ж)	[klub'nikə]
morango-silvestre (m)	**земляника** (ж)	[zemli'nikə]
morchela (f)	**сморчок** (м)	[smar'ʧɔk]
mostarda (f)	**горчица** (ж)	[gar'ʧitsə]
nabo (m)	**репа** (ж)	['repə]
nata (f) do leite	**сливки** (мн)	[s'lifki]
noz (f)	**грецкий орех** (м)	[g'retskij a'reh]
omelete (f)	**омлет** (м)	[am'let]
ostra (f)	**устрица** (ж)	['ustritsə]
ovo (m)	**яйцо** (с)	[jaj'tsɔ]
ovos (m pl)	**яйца** (мн)	['jajtsə]
ovos (m pl) estrelados	**яичница** (ж)	[i'iʃnitsə]
oxicoco (m)	**клюква** (ж)	[k'lykvə]
páprica (f)	**паприка** (ж)	['paprikə]
pão (m)	**хлеб** (м)	[hlep]
pêssego (m)	**персик** (м)	['persik]
palito (m)	**зубочистка** (ж)	[zuba'ʧistkə]
papa (f)	**каша** (ж)	['kaʃə]
papaia (f), mamão (m)	**папайя** (ж)	[pa'paja]
pastelaria (f)	**кондитерские изделия** (мн)	[kan'diterskie iz'delija]
pastilha (f) elástica	**жевательная резинка** (м)	[ʒı'vateʎnaja re'zinkə]
patê (m)	**паштет** (м)	[paʃ'tet]
pato (m)	**утка** (ж)	['utkə]
peixe (m)	**рыба** (ж)	['rıbə]
pepino (m)	**огурец** (м)	[agʊ'rets]

pequeno-almoço (m)	завтрак (м)	['zaftrak]
pera (f)	груша (ж)	[g'ruʃə]
perca (f)	окунь (м)	['ɔkʊɲ]
peru (m)	индейка (ж)	[in'dejkə]
pimentão (m)	перец (м)	['perets]
pimenta (f) preta	чёрный перец (м)	['tʃɔrnɪj 'perets]
pimenta (f) vermelha	красный перец (м)	[k'rasnɪj 'perets]
pires (m)	блюдце (с)	[b'lytse]
pistáchios (m pl)	фисташки (мн)	[fis'taʃki]
pizza (f)	пицца (ж)	['pitsə]
porção (f)	порция (ж)	['pɔrtsɪja]
prato (m)	блюдо (с)	[b'lydə]
prato (m)	тарелка (ж)	[ta'relkə]
presunto (m)	окорок (м)	['ɔkarak]
proteínas (f pl)	белки (мн)	[bil'ki]
pudim (m)	пудинг (м)	['pʊdink]
puré (m) de batata	картофельное пюре (с)	[kar'tɔfeʎnae py'rɛ]
queijo (m)	сыр (м)	[sɪr]
quente	горячий	[ga'rʲatʃij]
rússula (f)	сыроежка (ж)	[sɪra'eʃkə]
rabanete (m)	редис (м)	[ri'dis]
raiz-forte (f)	хрен (м)	[hren]
rebuçado (m)	конфета (ж)	[kan'fetə]
receita (f)	рецепт (м)	[ri'tsəpt]
recheio (m)	начинка (ж)	[na'tʃinkə]
refresco (m)	прохладительный напиток (м)	[prahla'diteʎnɪj na'pitak]
romã (f)	гранат (м)	[gra'nat]
rum (m)	ром (м)	[rɔm]
sésamo (m)	кунжут (м)	[kʊn'ʒut]
sabor, gosto (m)	вкус (м)	[fkʊs]
saca-rolhas (m)	штопор (м)	[ʃ'tɔpar]
sal (m)	соль (ж)	[sɔʎ]
salada (f)	салат (м)	[sa'lat]
salgado	солёный	[sa'lɔnɪj]
salmão (m)	лосось (м)	[la'sɔsʲ]
salmão (m)	сёмга (ж)	['sɔmgə]
salsa (f)	петрушка (ж)	[pit'rʊʃkə]
salsicha (f)	сосиска (ж)	[sa'siskə]
sandes (f)	бутерброд (м)	[bʊterb'rɔt]
sardinha (f)	сардина (ж)	[sar'dinə]
seco	сушёный	[sʊ'ʃɔnɪj]
sem álcool	безалкогольный	[bizalka'gɔʎnɪj]
sem gás	без газа	[bez 'gazə]
siluro (m)	сом (м)	[sɔm]
sobremesa (f)	десерт (м)	[di'sert]
soja (f)	соя (ж)	['sɔja]
solha (f)	камбала (ж)	['kambalə]
sopa (f)	суп (м)	[sʊp]
sumo (m)	сок (м)	[sɔk]
sumo (m) de laranja	апельсиновый сок (м)	[apiʎ'sinavɪj sɔk]
sumo (m) de tomate	томатный сок (м)	[ta'matnɪj sɔk]

sumo (m) fresco	**свежевыжатый сок** (м)	[sweʒɛ'vɪʒatɪj sɔk]
tâmara (f)	**финик** (м)	['finik]
taça (m) de vinho	**бокал** (м)	[ba'kal]
talharim (m)	**лапша** (ж)	[lap'ʃʌ]
tangerina (f)	**мандарин** (м)	[manda'rin]
tarte (f)	**пирог** (м)	[pi'rɔk]
tomate (m)	**помидор** (м)	[pami'dɔr]
toranja (f)	**грейпфрут** (м)	[gripf'rʊt]
toucinho (m)	**сало** (с)	['salə]
trigo (m)	**пшеница** (ж)	[pʃɪ'nitsə]
trigo-sarraceno (m)	**гречиха** (ж)	[gri'ʧihə]
truta (f)	**форель** (ж)	[fa'reʎ]
tubarão (m)	**акула** (ж)	[a'kʊlə]
uísque (m)	**виски** (с)	['wiski]
uva (f)	**виноград** (м)	[winag'rat]
uvas (f pl) passas	**изюм** (м)	[i'zym]
vegetariano	**вегетарианский**	[wigitari'anskij]
vegetariano (m)	**вегетарианец** (м)	[wigitari'anets]
verduras (f pl)	**зелень** (ж)	['zeleɲ]
vermute (m)	**вермут** (м)	['wermʊt]
vinagre (m)	**уксус** (м)	['uksʊs]
vinho (m)	**вино** (с)	[wi'nɔ]
vinho (m) branco	**белое вино** (с)	['belae wi'nɔ]
vinho (m) tinto	**красное вино** (с)	[k'rasnae wi'nɔ]
vitamina (f)	**витамин** (м)	[wita'min]
vodca, vodka (f)	**водка** (ж)	['vɔtkə]
waffle (m)	**вафли** (мн)	['vafli]
zander (m)	**судак** (м)	[sʊ'dak]

Russo-Português dicionário gastronômico

абрикос (м)	[abri'kɔs]	damasco (m)
авокадо (с)	[ava'kadə]	abacate (m)
акула (ж)	[a'kʊlə]	tubarão (m)
алкогольные напитки (мн)	[alka'gɔʎnɪe na'pitki]	bebidas (f pl) alcoólicas
ананас (м)	[ana'nas]	ananás (m)
анис (м)	[a'nis]	anis (m)
апельсин (м)	[apiʎ'sin]	laranja (f)
апельсиновый сок (м)	[apiʎ'sinavɪj sɔk]	sumo (m) de laranja
аперитив (м)	[apiri'tif]	aperitivo (m)
аппетит (м)	[api'tit]	apetite (m)
арахис (м)	[a'rahis]	amendoim (m)
арбуз (м)	[ar'bʊs]	melancia (f)
артишок (м)	[arti'ʃɔk]	alcachofra (f)
базилик (м)	[bazi'lik]	manjericão (m)
баклажан (м)	[bakla'ʒan]	beringela (f)
банан (м)	[ba'nan]	banana (f)
бар (м)	[bar]	bar (m)
баранина (ж)	[ba'raninə]	carne (f) de carneiro
бармен (м)	[bar'men]	barman (m)
без газа	[bez 'gazə]	sem gás
безалкогольный	[bizalka'gɔʎnɪj]	sem álcool
безалкогольный напиток (м)	[bizalka'gɔʎnɪj na'pitak]	bebida (f) sem álcool
бекон (м)	[bi'kɔn]	bacon (m)
белки (мн)	[bil'ki]	proteínas (f pl)
белое вино (с)	['belae wi'nɔ]	vinho (m) branco
белок (м)	[bi'lɔk]	clara (f) do ovo
белый гриб (м)	['belɪj grip]	cepe-de-bordéus (m)
бифштекс (м)	[bifʃ'tɛks]	bife (m)
блюдо (с)	[b'lydə]	prato (m)
блюдце (с)	[b'lyʦe]	pires (m)
бобы (мн)	[ba'bɪ]	fava (f)
бокал (м)	[ba'kal]	taça (m) de vinho
брусника (ж)	[brʊs'nikə]	arando (m) vermelho
брюссельская капуста (ж)	[bry'seʎskaja ka'pʊstə]	couve-de-bruxelas (f)
бульон (м)	[bʊ'ʎjon]	caldo (m)
бутерброд (м)	[bʊterb'rɔt]	sandes (f)
варенье (с)	[va'reɲje]	doce (m)
варёный	[va'rɜnɪj]	cozido
вафли (мн)	['vafli]	waffle (m)
вегетарианец (м)	[wigitari'aneʦ]	vegetariano (m)
вегетарианский	[wigitari'anskij]	vegetariano

вермут (м)	['wermʊt]	vermute (m)
ветчина (ж)	[witʃi'nɑ]	fiambre (f)
вилка (ж)	['wilkə]	garfo (m)
вино (с)	[wi'nɔ]	vinho (m)
виноград (м)	[winɑg'rɑt]	uva (f)
виски (с)	['wiski]	uísque (m)
витамин (м)	[witɑ'min]	vitamina (f)
вишня (ж)	['wiʃɲa]	ginja (f)
вкус (м)	[fkʊs]	sabor, gosto (m)
вкусный	[f'kʊsnıj]	gostoso
вода (ж)	[vɑ'dɑ]	água (f)
водка (ж)	['vɔtkə]	vodca, vodka (f)
газированная	[gɑzi'rɔvɑnɑja]	gaseificada
гамбургер (м)	['gɑmbʊrger]	hambúrguer (m)
гарнир (м)	[gɑr'nir]	conduto (m)
гвоздика (ж)	[gvɑz'dikə]	cravo (m)
говядина (ж)	[gɑ'vʲadinə]	carne (f) de vaca
горох (м)	[gɑ'rɔh]	ervilha (f)
горчица (ж)	[gɑr'tʃitsə]	mostarda (f)
горький	['gɔrʲkij]	amargo
горячий	[gɑ'rʲatʃij]	quente
гранат (м)	[grɑ'nɑt]	romã (f)
грейпфрут (м)	[gripf'rʊt]	toranja (f)
грецкий орех (м)	[g'retskij ɑ'reh]	noz (f)
гречиха (ж)	[gri'tʃihə]	trigo-sarraceno (m)
гриб (м)	[grip]	cogumelo (m)
груша (ж)	[g'rʊʃə]	pera (f)
гусь (м)	[gʊsʲ]	ganso (m)
десерт (м)	[di'sert]	sobremesa (f)
джем, конфитюр	[dʒɛm], [kɑnfi'tyr]	doce (m)
джин (м)	[dʒın]	gim (m)
диета (ж)	[di'etə]	dieta (f)
дичь (ж)	[ditʃ]	caça (f)
дыня (ж)	['dıɲa]	meloa (f), melão (m)
еда (ж)	[e'dɑ]	comida (f)
ежевика (ж)	[eʒı'wikə]	amora silvestre (f)
жареный	['ʒɑrenıj]	frito
жаркое (с)	[ʒɑr'kɔe]	guisado (m)
жевательная резинка (м)	[ʒı'vɑteʎnɑja re'zinkə]	pastilha (f) elástica
желток (м)	[ʒıl'tɔk]	gema (f) do ovo
жиры (мн)	[ʒı'rı]	gorduras (f pl)
завтрак (м)	['zɑftrɑk]	pequeno-almoço (m)
закуска (ж)	[zɑ'kʊskə]	entrada (f)
замороженный	[zɑmɑ'rɔʒınıj]	congelado
зелень (ж)	['zeleɲ]	verduras (f pl)
зелёный чай (м)	[zi'lɜnıj tʃaj]	chá (m) verde
земляника (ж)	[zemli'nikə]	morango-silvestre (m)
зерно (с)	[zer'nɔ]	grão (m)
зерновые растения (с мн)	[zernɑ'vıe rɑs'tenija]	cereais (m pl)
зубочистка (ж)	[zubɑ'tʃistkə]	palito (m)

изюм (м)	[i'zym]	uvas (f pl) passas
икра (ж)	[ik'ra]	caviar (m)
имбирь (м)	[im'birʲ]	gengibre (m)
индейка (ж)	[in'dejkə]	peru (m)
инжир (м)	[in'ʒir]	figo (m)
йогурт (м)	['jogʊrt]	iogurte (m)
кабачок (м)	[kaba'ʧɔk]	curgete (f)
калория (ж)	[ka'lɔrija]	caloria (f)
кальмар (м)	[kaʎ'mar]	lula (f)
камбала (ж)	['kambalə]	solha (f)
капуста (ж)	[ka'pʊstə]	couve (f)
капуста брокколи (ж)	[ka'pʊsta b'rɔkali]	brócolos (m pl)
карп (м)	[karp]	carpa (f)
карта (ж) **вин**	['karta win]	lista (f) de vinhos
картофель (м)	[kar'tɔfeʎ]	batata (f)
картофельное пюре (с)	[kar'tɔfeʎnae py'rɛ]	puré (m) de batata
каша (ж)	['kaʃə]	papa (f)
киви (м)	['kiwi]	kiwi (m)
клубника (ж)	[klub'nikə]	morango (m)
клюква (ж)	[k'lykvə]	oxicoco (m)
кожура (ж)	[kaʒu'ra]	casca (f)
кокосовый орех (м)	[ka'kɔsavıj a'reh]	coco (m)
коктейль (м)	[kak'tɛjʎ]	coquetel (m)
колбаса (ж)	[kalba'sa]	chouriço (m)
колос (м)	['kɔlas]	espiga (f)
кондитерские изделия (мн)	[kan'diterskie iz'delija]	pastelaria (f)
консервы (мн)	[kan'servı]	conservas (f pl)
конфета (ж)	[kan'fetə]	rebuçado (m)
коньяк (м)	[ka'ɲjak]	conhaque (m)
копчёный	[kap'ʧɔnıj]	fumado
кориандр (м)	[kari'andr]	coentro (m)
корица (ж)	[ka'rit͡sə]	canela (f)
котлета (ж)	[kat'letə]	croquete (m)
кофе (м)	['kɔfe]	café (m)
кофе (м) **с молоком**	['kɔfe s mala'kɔm]	café (m) com leite
кофе (м) **со сливками**	['kɔfe sa s'lifkami]	cappuccino (m)
краб (м)	[krap]	caranguejo (m)
красная смородина (ж)	[k'rasnaja sma'rɔdinə]	groselha (f) vermelha
красное вино (с)	[k'rasnae wi'nɔ]	vinho (m) tinto
красный перец (м)	[k'rasnıj 'perets]	pimenta (f) vermelha
креветка (ж)	[kri'wetkə]	camarão (m)
крем (м)	[krem]	creme (m)
кролик (м)	[k'rɔlik]	carne (f) de coelho
крошка (ж)	[k'rɔʃkə]	migalha (f)
крупа (ж)	[krʊ'pa]	grãos (m pl) de cereais
крыжовник (м)	[krı'ʒɔvnik]	groselha (f) espinhosa
кукуруза (ж)	[kʊkʊ'rʊzə]	milho (m)
кукуруза (ж)	[kʊkʊ'rʊzə]	milho (m)
кукурузные хлопья (мн)	[kʊkʊ'rʊznıe h'lɔpja]	flocos (m pl) de milho
кунжут (м)	[kʊn'ʒut]	sésamo (m)
курица (ж)	['kʊrit͡sə]	galinha (f)

кусок (м)	[kʊ'sɔk]	bocado, pedaço (m)
кухня (ж)	['kʊhɲa]	cozinha (f)
лавровый лист (м)	[lav'rɔvıj list]	folhas (f pl) de louro
лангуст (м)	[la'ŋust]	lagosta (f)
лапша (ж)	[lap'ʃʌ]	talharim (m)
лесной орех (м)	[lis'nɔj a'reh]	avelã (f)
лещ (м)	[leɕ]	brema (f)
лёд (м)	['lɜt]	gelo (m)
ликёр (м)	[li'kɜr]	licor (m)
лимон (м)	[li'mɔn]	limão (m)
лимонад (м)	[lima'nat]	limonada (f)
лисичка (ж)	[li'sitʃkə]	cantarelo (m)
ложка (ж)	['lɔʃkə]	colher (f)
ломтик (м)	['lɔmtik]	fatia (f)
лосось (м)	[la'sɔsʲ]	salmão (m)
лук (м)	[luk]	cebola (f)
майонез (м)	[mai'nɛs]	maionese (f)
макароны (мн)	[maka'rɔnı]	massas (f pl)
малина (ж)	[ma'linə]	framboesa (f)
манго (с)	['mahgə]	manga (f)
мандарин (м)	[manda'rin]	tangerina (f)
маргарин (м)	[marga'rin]	margarina (f)
маринованный	[mari'nɔvanıj]	em vinagre
мармелад (м)	[marme'lat]	geleia (f) de frutas
меню (с)	[mi'ny]	ementa (f)
мёд (м)	['mɜt]	mel (m)
миндаль (м)	[min'daʎ]	amêndoa (f)
минеральная вода (ж)	[mini'raʎnaja va'da]	água (f) mineral
молоко (с)	[mala'kɔ]	leite (m)
молочный коктейль (м)	[ma'lɔtʃnıj kak'tɛjʎ]	batido (m) de leite
морепродукты (мн)	[marepra'dʊktı]	marisco (m)
морковь (ж)	[mar'kɔfʲ]	cenoura (f)
мороженое (с)	[ma'rɔʒnae]	gelado (m)
мука (ж)	[mʊ'ka]	farinha (f)
мухомор (м)	[mʊha'mɔr]	agário-das-moscas (m)
мясо (с)	['mʲasə]	carne (f)
начинка (ж)	[na'tʃinkə]	recheio (m)
нож (м)	[nɔʃ]	faca (f)
обед (м)	[a'bet]	almoço (m)
овёс (м)	[a'wɜs]	aveia (f)
овощи (м мн)	['ɔvaɕi]	legumes (m pl)
огурец (м)	[agʊ'rets]	pepino (m)
окорок (м)	['ɔkarak]	presunto (m)
окунь (м)	['ɔkʊɲ]	perca (f)
оливки (мн)	[a'lifki]	azeitonas (f pl)
оливковое масло (с)	[a'lifkavae 'maslə]	azeite (m)
омлет (м)	[am'let]	omelete (f)
осетрина (ж)	[asit'rinə]	esturjão (m)
открывалка (ж)	[atkrı'valkə]	abridor (m) de garrafas
открывалка (ж)	[atkrı'valkə]	abre-latas (m)
официант (м)	[afitsı'ant]	empregado (m) de mesa
официантка (ж)	[afitsı'antkə]	empregada (f) de mesa

палтус (м)	['paltʊs]	halibute (m)
папайя (ж)	[pa'paja]	papaia (f), mamão (m)
паприка (ж)	['paprikə]	páprica (f)
паштет (м)	[paʃ'tet]	patê (m)
перец (м)	['perets]	pimentão (m)
персик (м)	['persik]	pêssego (m)
петрушка (ж)	[pit'rʊʃkə]	salsa (f)
печень (ж)	['petʃeɲ]	iscas (f pl)
печенье (с)	[pi'tʃeɲje]	bolacha (f)
пиво (с)	['pivə]	cerveja (f)
пирог (м)	[pi'rɔk]	tarte (f)
пирожное (с)	[pi'rɔʒnae]	bolo (m)
питьевая вода (ж)	[pitje'vaja va'da]	água (f) potável
пицца (ж)	['pitsə]	pizza (f)
поганка (ж)	[pa'gankə]	cicuta (f) verde
подберёзовик (м)	[padbe'rɜzawik]	boleto (m) castanho
подосиновик (м)	[pada'sinawik]	boleto (m) áspero
подсолнечное масло (с)	[pa'tsɔlnetʃnae 'maslə]	óleo (m) de girassol
помидор (м)	[pami'dɔr]	tomate (m)
порция (ж)	['pɔrtsɪja]	porção (f)
привкус (м)	[p'rifkʊs]	gostinho (m)
приправа (ж)	[prip'ravə]	condimento (m)
Приятного аппетита!	[pri'jatnava ape'tita]	Bom apetite!
просо (с)	[p'rɔsə]	milho-miúdo (m)
прохладительный напиток (м)	[prahla'diteʎnɪj na'pitak]	refresco (m)
пряность (ж)	[p'rʲanastʲ]	especiaria (f)
пудинг (м)	['pʊdink]	pudim (m)
пшеница (ж)	[pʃɪ'nitsə]	trigo (m)
ракообразные (мн)	[rakaab'raznɪe]	crustáceos (m pl)
растворимый кофе (м)	[rastva'rimɪj 'kɔfe]	café (m) solúvel
растительное масло (с)	[ras'titeʎnae 'maslə]	óleo (m)
редис (м)	[ri'dis]	rabanete (m)
репа (ж)	['repə]	nabo (m)
рецепт (м)	[ri'tsəpt]	receita (f)
рис (м)	[ris]	arroz (m)
рожь (ж)	[rɔʃ]	centeio (m)
ром (м)	[rɔm]	rum (m)
рыба (ж)	['rɪbə]	peixe (m)
с газом	[s gazam]	com gás
салат (м)	[sa'lat]	alface (f)
салат (м)	[sa'lat]	salada (f)
сало (с)	['salə]	toucinho (m)
сардина (ж)	[sar'dinə]	sardinha (f)
сахар (м)	['sahar]	açúcar (m)
свежевыжатый сок (м)	[sweʒɛ'vɪʒatɪj sɔk]	sumo (m) fresco
светлое пиво (с)	[s'wetlae 'pivə]	cerveja (f) clara
свёкла (ж)	['swɜklə]	beterraba (f)
свинина (ж)	[swi'ninə]	carne (f) de porco
сгущённое молоко (с)	[sgʊ'ɕɜnae mala'kɔ]	leite (m) condensado
сельдерей (м)	[siʎde'rej]	aipo (m)
сельдь (ж)	[seʎtʲ]	arenque (m)

сёмга (ж)	['sɜmgə]	salmão (m)
скумбрия (ж)	[s'kʊmbrija]	cavala (m), sarda (f)
сладкий	[s'lɑtkij]	doce, açucarado
слива (ж)	[s'livə]	ameixa (f)
сливки (мн)	[s'lifki]	nata (f) do leite
сливочное масло (с)	[s'livɑʧnɑe 'mɑslə]	manteiga (f)
сметана (ж)	[smi'tɑnə]	creme (m) azedo
сморчок (м)	[smɑr'ʧɔk]	morchela (f)
со льдом	[sɑʎ'dɔm]	com gelo
сок (м)	[sɔk]	sumo (m)
солёный	[sɑ'lɜnıj]	salgado
соль (ж)	[sɔʎ]	sal (m)
сом (м)	[sɔm]	siluro (m)
сосиска (ж)	[sɑ'siskə]	salsicha (f)
соус (м)	['sɔus]	molho (m)
соя (ж)	['sɔja]	soja (f)
спагетти (мн)	[spɑ'getti]	espaguete (m)
спаржа (ж)	[s'pɑrʒə]	espargo (m)
стакан (м)	[stɑ'kɑn]	copo (m)
столовая ложка (ж)	[stɑ'lɔvɑja 'lɔʃkə]	colher (f) de sopa
судак (м)	[sʊ'dɑk]	zander (m)
суп (м)	[sʊp]	sopa (f)
сушёный	[sʊ'ʃɔnıj]	seco
счёт (м)	['ɕɜt]	conta (f)
съедобный гриб (м)	[sʰe'dɔbnıj grip]	cogumelo (m) comestível
сыр (м)	[sır]	queijo (m)
сыроежка (ж)	[sırɑ'eʃkə]	rússula (f)
тарелка (ж)	[tɑ'relkə]	prato (m)
телятина (ж)	[ti'ʎatinə]	carne (f) de vitela
тёмное пиво (с)	['tɜmnɑe 'pivə]	cerveja (m) preta
тмин (м)	[tmin]	cominho (m)
томатный сок (м)	[tɑ'mɑtnıj sɔk]	sumo (m) de tomate
торт (м)	[tɔrt]	bolo (m) de aniversário
треска (ж)	[tris'kɑ]	bacalhau (m)
тунец (м)	[tʊ'nets]	atum (m)
тыква (ж)	['tıkvə]	abóbora (f)
углеводы (мн)	[ugle'vɔdı]	hidratos (m pl) de carbono
угорь (м)	['ugɑrʲ]	enguia (f)
ужин (м)	['uʒın]	jantar (m)
укроп (м)	[uk'rɔp]	funcho, endro (m)
уксус (м)	['uksʊs]	vinagre (m)
устрица (ж)	['ustritsə]	ostra (f)
утка (ж)	['utkə]	pato (m)
фарш (м)	[fɑrʃ]	carne (f) moída
фасоль (ж)	[fɑ'sɔʎ]	feijão (m)
финик (м)	['finik]	tâmara (f)
фисташки (мн)	[fis'tɑʃki]	pistáchios (m pl)
форель (ж)	[fɑ'reʎ]	truta (f)
фрукт (м)	[frʊkt]	fruta (f)
хлеб (м)	[hlep]	pão (m)
холодный	[hɑ'lɔdnıj]	frio
хрен (м)	[hren]	raiz-forte (f)

цветная капуста (ж)	[tswet'naja ka'pustə]	couve-flor (f)
чаевые (мн)	[ʧii'vɪe]	gorjeta (f)
чай (м)	[ʧaj]	chá (m)
чайная ложка (ж)	['ʧajnaja 'lɔʃkə]	colher (f) de chá
чашка (ж)	['ʧaʃkə]	chávena (f)
черешня (ж)	[ʧi'reʃɲa]	cereja (f)
черника (ж)	[ʧir'nikə]	mirtilo (m)
чеснок (м)	[ʧis'nɔk]	alho (m)
чечевица (ж)	[ʧiʧe'witsə]	lentilha (f)
чёрная смородина (ж)	['ʧɔrnaja sma'rɔdinə]	groselha (f) preta
чёрный кофе (м)	['ʧɔrnɪj 'kɔfe]	café (m) puro
чёрный перец (м)	['ʧɔrnɪj 'perets]	pimenta (f) preta
чёрный чай (м)	['ʧɔrnɪj ʧaj]	chá (m) preto
шампанское (с)	[ʃʌm'panskae]	champanhe (m)
шафран (м)	[ʃʌf'ran]	açafrão (m)
шоколад (м)	[ʃʌka'lat]	chocolate (m)
шоколадный	[ʃʌka'ladnɪj]	de chocolate
шпинат (м)	[ʃpi'nat]	espinafre (m)
штопор (м)	[ʃ'tɔpar]	saca-rolhas (m)
щука (ж)	['ɕukə]	lúcio (m)
яблоко (с)	['jablakə]	maçã (f)
ягода (ж)	['jagadə]	baga (f)
ягоды (ж мн)	['jagadɪ]	bagas (f pl)
ядовитый гриб (м)	[jada'witɪj grip]	cogumelo (m) venenoso
язык (м)	[ja'zɪk]	língua (f)
яичница (ж)	[i'iʃnitsə]	ovos (m pl) estrelados
яйца (мн)	['jajtsə]	ovos (m pl)
яйцо (с)	[jaj'tsɔ]	ovo (m)
ячмень (м)	[iʧ'meɲ]	cevada (f)

www.ingramcontent.com/pod-product-compliance
Lightning Source LLC
LaVergne TN
LVHW051259080426
835509LV00020B/3064
* 9 7 8 1 7 8 4 9 2 6 0 1 4 *